GTB

Gütersloher Taschenbücher

460

Sabine Leibholz-Bonhoeffer

vergangen
erlebt
überwunden

Schicksale der Familie Bonhoeffer

Gütersloher Verlagshaus

Originalausgabe

Die Deutsche Bibliothek – CIP-Einheitsaufnahme

Leibholz-Bonhoeffer, Sabine:
vergangen, erlebt, überwunden: Schicksale der Familie Bonhoeffer / Sabine Leibholz-Bonhoeffer. – Orig.-Ausg., 9. Aufl. – Gütersloh : Gütersloher Verl.-Haus, 2002
(Gütersloher Taschenbücher ; 460)
ISBN 3-579-00460-3

ISBN 3-579-00460-3
9. Auflage, 2002

Umschlaggestaltung: Init GmbH, Bielefeld
Gesamtherstellung: Clausen & Bosse, Leck
Gedruckt auf chlorfrei gebleichtem Werkdruckpapier
Printed in Germany

In Memoriam
Eugen Rosenstock-Huessy

Vorwort

Das Gefühl der Verzweiflung und bitteren Ohnmacht, in die der Nationalsozialismus alle die gestürzt hatte, die in klarer Erkenntnis vom zerstörerischen Charakter des Hitlersystems das Verhängnis unaufhaltsam kommen sahen, wurde durch die Hoffnung gemildert, daß es »nur ein Weg durch die Nacht« sei (Gertrud v. le Fort): »Wenn einstmals diese Not / Lang wie ein Eis gebrochen / Dann wird davon gesprochen, / Wie von dem schwarzen Tod«, hatte einst Gottfried Keller in »Die öffentlichen Verleumder« gedichtet. Solche Zeilen enthielten so viel Trost und Hoffnung, daß sie geheim weitergereicht wurden, um die Mutlosigkeit zu bannen. Bei einigen verantwortungsbewußten Persönlichkeiten der Kirche, der Politik, der Wirtschaft und des Militärs setzte sich jedoch die Überzeugung fest, daß allein gegen das Nationalsozialistische System und seine inhumanen Aktionen zu sein, nicht genüge, dieser allerersten Voraussetzung müsse notwendigerweise die Tat folgen. Dietrich Bonhoeffer hat diese Erkenntnis einmal in einem bildhaften Vergleich ausgedrückt: »Es ist nicht nur meine Aufgabe, nach den Opfern eines Verrückten zu sehen, der ein Auto in eine dichtgedrängte Straße fährt, sondern alles zu tun, was in meiner Macht steht, um seine Fahrt aufzuhalten!«
Das christliche Europa, über das im »Führerhauptquartier« und Hitlers Ideologenkreis der Vollzug des in seltener Einmütigkeit beschlossenen Todesurteils geplant wurde, konnte nur durch ge-

zielte Abwehrreaktionen sowohl auf geistig-ideologischem Feld als auch im aktiven Widerstand gerettet werden. Wie ein Narkotikum berauschte Hitler die Deutschen. Wie eine fremde Schale fiel die in langen Jahrhunderten eingeübte individuelle Verantwortung vor Gott und dem eigenen Gewissen zugunsten eines »absoluten Gehorsams«, einer absoluten Parteihörigkeit; christliche Nächstenliebe wich einer hybriden Rassenmystik, die die Welt in Herren- und Untermenschen als letzte Wertigkeit menschlichen Seins festlegte, die jüdischen Mitbürger als »Urstoff alles Negativen« qualifizierte und sie der physischen Vernichtung preisgab.

Wie konnte ein in christlicher Verantwortung und Nächstenliebe erzogener Mensch eine solche Pervertierung aller humanen, christlichen Werte akzeptieren – ohne selbst mitschuldig zu werden an der Zerstörung menschlicher Grundwerte, ja der humanen Welt? Dietrich Bonhoeffer – und mit ihm eine beträchtliche Zahl von Gleichgesinnten – konnte es nicht. Er wurde so zu einem der einflußreichsten geistigen Widerstandskämpfer gegen den Nationalsozialismus, und postulierte das Widerstandsrecht, ja die Widerstandspflicht des christlichen Gewissens gegen eine zerstörerische Staatsgewalt. Daß er dabei in den tragischen Konflikt geriet, seinem Volke, das er so sehr liebte, eine Niederlage wünschen zu müssen, lag in dem Umstand begründet, daß die Einsicht des deutschen Volkes in den Unrechtscharakter seiner Regierung äußerst begrenzt, wenn nicht unmöglich war. So wurde er ein Märtyrer für eine humanere Zukunft, ein Symbol christlicher Verantwortung und persönlichen Bekennermutes.

Auch wenn die Nachwelt in erster Linie das persönliche Beispiel Dietrich Bonhoeffers ins Blickfeld rückt, so ist er doch nicht der einzige aus der Familie Bonhoeffer, der für den Kampf gegen den nazistischen Irrglauben sein Leben gelassen hat. Sabine Leibholz, die Zwillingsschwester Dietrich Bonhoeffers, erzählt in ergreifender, schlichter Weise, wie alle Glieder ihrer Familie sich ihrer tiefen Verantwortung vor den ethisch-moralischen Werten der christlichen Kultur bewußt waren und mit welch persönlichem Mut und welcher Opferbereitschaft sie als Zeugen für das »andere«, bessere Deutschland in der Zeit der Tyrannei des Naziregimes gewirkt haben. Dieses unerschütterliche Eintreten für die sittlichen Werte des christlichen Glaubens konnte nur aus einem Elternhaus entspringen, das in seinen religiösen, humanen Grundwerten gefestigt war.

Sabine Leibholz, die mit ihrem Gatten, dem Rechtsgelehrten Gerhard Leibholz und ihren beiden Kindern durch Hitlers Rassenwahn in die Emigration nach England getrieben wurde, erfuhr erst nach dem Zweiten Weltkrieg, als sich langsam das Dunkel über den schrecklichen Vorgängen in Deutschland hob, wie grausam die Nationalsozialisten blutige Rache an ihren am Widerstand gegen Hitler beteiligten Angehörigen genommen hatten. Neben ihrem Zwillingsbruder Dietrich wurden ihr Bruder Klaus Bonhoeffer und ihre beiden Schwäger Hans von Dohnanyi und Rüdiger Schleicher ermordet. Ein Bruder ihres Mannes, der den psychischen Belastungen nicht mehr gewachsen war, wählte schon 1940 zusammen mit seiner Frau den Freitod.

Exil bedeutete jedoch für die Familie Leibholz nicht ein Sich-Zurückziehen von den Problemen in Deutschland – wie es so häufig andere Emigranten getan haben –, sondern hier war ihr ein Feld eröffnet, auf dem sie alle ihre Energie für das Wohl des »anderen«, nach Freiheit, Verantwortung und Menschenwürde strebenden Deutschland einsetzen konnte. Denn entgegen allen Hoffnungen derer, die geglaubt und erwartet hatten, daß es Großbritannien nur um die Vernichtung des Nazisystems ging, existierte in England eine breite Strömung, die das deutsche Volk und das Nazisystem gleichsetzte und für beide die vollständige Kapitulation forderte. Angeführt wurde diese politische Bewegung durch Lord Vansittart, der einen großen Einfluß auf die englische Außenpolitik ausübte. Unermüdlich versuchten daher Gerhard Leibholz und Sabine Leibholz-Bonhoeffer, in die so geschlossene britische Phalanx von Haß und Vorurteilen einzubrechen und vor allem die Aufmerksamkeit der britischen Regierung auf den deutschen Widerstand gegen

Hitler zu lenken. Der ihnen und Dietrich Bonhoeffer freundschaftlich verbundene Bischof von Chichester, George Bell, unterstützte sie dabei in außerordentlich selbstloser Weise.*

Doch die von den deutschen Widerstandskreisen sehnlichst erhoffte Unterscheidung zwischen Nazismus und deutschem Volk durch die britische Regierung blieb aus; nirgendwo wurde deutlich, daß eine demokratische Regierung, die aus einem erfolgreichen Putsch gegen Hitler hervorgehen würde, von den westlichen Alliierten eine bessere Behandlung erwarten konnte als das Naziregime. Vernichtung der ganzen deutschen Armee war ohnehin die Vorbedingung, ohne die sich England zu keinem Friedensgespräch bereitfinden wollte, obwohl jedem Kenner der deutschen Verhältnisse klar sein mußte, daß nur die deutsche Armee den entscheidenden Machtfaktor in Deutschland darstellte, der Hitler beseitigen konnte. Als der – später mißlungene – Staatsstreich in Deutschland dann trotz der negativen Haltung der Westmächte gewagt wurde, paßte dieses Ereignis keineswegs in die ressentimentgeladene antideutsche Haltung der britischen Regierung und Öffentlichkeit; denn nun war offensichtlich geworden, was man so lange nicht hatte wahrhaben wollen, nämlich, daß Deutschland kein monolitischer Block von skrupellosen, auf Unterjochung der Welt zielenden Nazis war. So wurde die Bedeutung des Widerstandes gegen Hitler von der britischen Regierung »jämmerlich bagatellisiert« (Bell), die Chance eines Neuansatzes einer konstruktiven Deutschlandpolitik mit dem Ziel, Europa dem Westen zu erhalten, vertan.

Erst nach den schweren Enttäuschungen, die Winston Churchill in seiner Zusammenarbeit mit den Sowjets erleben mußte, erkannte

* Von diesen Bemühungen zeugt höchst eindrucksvoll der kürzlich veröffentliche Briefwechsel zwischen dem Bischof von Chichester und Leibholz: An der Schwelle zum gespaltenen Europa: Der Briefwechsel zwischen George Bell und Gerhard Leibholz (1939–1951), herausgegeben von Eberhard Bethge und Ronald C. D. Jasper, Stuttgart: Kreuz Verlag 1974.

er – für die Verhinderung endlosen Leides in der letzten Phase des Krieges jedoch unwiderruflich zu spät – die bedeutungsvolle Symbolkraft an, die der deutsche Widerstand für den Wiederaufbau eines demokratischen Deutschlands verkörperte. Im Herbst 1946 sagte er im britischen Unterhaus:

»In Deutschland lebte eine Opposition, die zahlenmäßig durch ihre Opfer und eine entnervende internationale Politik immer schwächer wurde, die aber zu dem Edelsten und Größten gehörte, was in der politischen Geschichte aller Völker je hervorgebracht wurde. Diese Männer kämpften ohne Hilfe von innen oder von außen, einzig getrieben von der Not ihres Gewissens. Solange sie lebten, waren sie für uns unerkennbar, da sie sich tarnen mußten. Aber an den Toten ist der Widerstand sichtbar geworden. Ihre Taten und Opfer sind das unzerstörbare Fundament eines neuen Aufbaues. Wir hoffen auf die Zeit, in der dieses heroische Kapitel der inneren deutschen Geschichte eine gerechte Würdigung findet.«

Diese biographischen Aufzeichnungen über eine Familie, die aus einer heilen Welt gerissen und in eine zutiefst inhumane gestoßen wurde, zeugen anschaulich und beispielhaft von dem mutigen Kampf gegen die Mächte der Dunkelheit, gegen die politische, ideologische und militärische Tyrannei der Nationalsozialisten und gegen den Geist des Vorurteils, der Kurzsichtigkeit, der Verantwortungslosigkeit, der Bequemlichkeit und des Mitläufertums. Aber aus jeder Zeile dieses Buches von Sabine Leibholz keimt in uns die unverzichtbare Hoffnung – ja sie wird zur Gewißheit –, daß selbst in dunkelsten Zeiten Menschen leben, deren selbstloses Ziel es ist, das bedrohte Menschentum vor dem Stachel der Gewalt zu beschützen.

Göttingen, im Februar 1976 *Josef Ackermann*

ELTERN UND GESCHWISTERKREIS

Die Eltern

Wenn man seinen siebzigsten Geburtstag gefeiert hat und fünf Geschwister, Eltern und Freunde schon gestorben sind, drängt sich der Wunsch auf, ihre Bilder festzuhalten. So begann ich die Lebenswege meiner sieben Geschwister und ein Bild meiner Eltern aufzuzeichnen. Auch persönliche Erlebnisse aus den Jahren, die wir als von Hitler Vertriebene in England verbrachten, wollte ich niederschreiben. Freilich stiegen in mir Bedenken auf. Doch da diese Erfahrungen für ein Schicksal stehen, das in ähnlicher, wenn auch in viel schwererer Weise Millionen unschuldiger Menschen traf und ihnen den Tod brachte, seien sie hier nicht verschwiegen, so wenig wie die Schicksale meiner Geschwister, die sich den Verbrechen des nationalsozialistischen Regimes entgegenstellten, weil sie es für wert hielten, ihr Leben für Freiheit, Menschenwürde, Gerechtigkeit und Wahrheit einzusetzen. Im Römerbrief, Kap. 8, 37 schreibt Paulus: „... In dem allen überwinden wir weit durch den, der uns geliebt hat." „Überwunden" haben nur die Toten, und nur in diesem Sinne möchte der Titel verstanden werden. Vor der Totenklage soll aber ein Licht auf die Epoche fallen, in der die damals für immer festgefügt erachtete, durch das Christentum mitgeprägte Ordnung noch behütete Kinderzeit und Jahre der Geborgenheit bot.

Als Hitlers Truppen am 1. September 1939 in Polen eingefallen waren, verkündete Chamberlain am Sonntag, dem 3. September 1939 über alle britischen Rundfunksender: Großbritannien befindet sich mit Deutschland im Kriegszustand, es steht zu seinem Pakt mit Polen. Damals waren mein Mann, unsere Töchter und ich als Vertriebene Hitlers in Hastings mit Engländern um das Radio versammelt. Unsere jüngste Tochter Christiane war gerade so alt, wie ich gewesen war, als der Erste Weltkrieg 1914 ausbrach.
Ich erlebte seinen Beginn fünfundzwanzig Jahre früher als achtjähriges Kind. Wir kleineren Geschwister waren damals in unserm Ferienhaus in Friedrichsbrunn im Harz, und ich verbinde mit diesem ernsten Augusttag 1914 vor allem die Erinnerung daran, wie das Dorf gerade sein Schützenfest feierte und unsere Erzieherin uns plötzlich von den schönen, verlockenden Jahrmarktbuden und dem Karussell, das noch von einem armen Schimmel gezogen wurde, fortholte, um uns schnellstens zu den Eltern nach Berlin zurückzubringen. Mit Trauer blickte ich auf den entvölkerten Festplatz, auf dem die Krämer hastig ihre Zelte abbrachen. Spät abends drangen noch Lieder und Gejohle der Abschied feiernden Soldaten durch das Fenster. Am Morgen saßen wir nach überstürztem Aufpacken der Erwachsenen im Zuge nach Berlin.
Mein Vater stand damals in seinem sechsundvierzigsten Lebensjahr, also schon jenseits des dienstpflichtigen Alters. Er wurde nun fachärztlicher Berater für Psychiatrie und Neurologie beim Gardekorps, verblieb aber in seiner klinischen Stellung in der Charité, auch seine akademische Lehrtätigkeit übte er weiter aus. Meine Mutter hatte in den Kriegsjahren sehr viel im Kopf, obwohl sie eigentlich immer gute und treue Hilfen hatte. Die sehr schweren Verluste, die unsere weitere Familie bald trafen, erlebte meine Mutter aus ganzem Herzen mit, und auch für unseren Va-

ter brachten schon die ersten Kriegsmonate 1914 viel Leid. Wir erfuhren, daß drei unserer Vettern im Westen gefallen waren, daß unser Vetter Lothar Bonhoeffer durch einen Kopfschuß ein Auge verlor und einem anderen Vetter das Bein amputiert werden mußte. Den Eindruck, den der Halbblinde, an Kopf und Bein in Verbänden steckende, an Krücken humpelnde, dabei seelisch ganz ungebrochene Vetter, der noch Soldaten- und Lönslieder weitersang, auf mich machte, werde ich nicht vergessen. Auch mein siebzehnjähriger Vetter Hans von der Goltz, der bei den Elisabethern eingetreten war, steht mir heute noch vor Augen: sanft, hell, blauäugig und zart. Obwohl er seinen Abschiedsbesuch in seiner blauen Uniform machte, sah er so gar nicht wie ein Krieger aus. Auch er fiel sehr bald.

Die erste Berliner Wohnung meiner Eltern lag in der Nähe des Tiergartens, mit den Fenstern auf den Bellevue-Park schauend. Unsere Erzieherin — eine begeisterte Monarchistin — war sehr interessiert an den Kronprinzenkindern, die man dort spielen sah. Und wenn wir mit ihr in den Tiergarten gingen und sie das „Tatütata — ganz wie Papa", wie die Berliner sagten, hörte, rannte sie mit uns zur Charlottenburger Chaussee, wo Kaiser Wilhelm II. oder der Kronprinz in ihren Wagen vorbeifuhren. Zu Hause wurden wir dafür freilich nur ausgelacht.

Bald nach den ersten Kämpfen 1914 in Ostpreußen nahm meine Mutter ihre aus Königsberg geflohene alte Kinderfrau mit ihrer Tochter auf. Die Tochter, die mit uns Kleinen spazierenging, war verständlicherweise sehr interessiert an dem „Benageln" des „Eisernen Hindenburg", der aus Holz riesenhaft aufgerichtet worden war. Da gab man fünfzig Pfennig für einen breitkuppigen Nagel, den man in seine Manschette nageln durfte. Der Höhepunkt war ein goldener Nagel für fünf Mark, die, wenn ich mich recht erinnere, zugunsten des Roten Kreuzes kassiert wurden.

Einmal kaufte Fräulein Lenchen mir eine kleine Brosche, auf der stand: „Nun woll'n wir sie verdreschen.“ Ich war sehr stolz, als sie vorn an meinem weißen Kragen prangte, aber als ich mittags damit vor meine Eltern trat, sagte mein Vater: „Was hast denn du da, komm, gib's mir mal“, und es verschwand in meines Vaters Tasche.
„Woher hast du das denn?“ fragte Mama, und beide Eltern versprachen mir ein schöneres Bröschchen, das Mama mir aussuchen würde.

Meine Mutter war eine kluge Frau. Mein Mann meinte später, von jedem Gespräch mit ihr gewinne man diesen Eindruck von neuem. Sie hatte einen großen Lebensmut, sprach natürlich, lebendig und temperamentvoll, und es war ihr gleichgültig, was andere von ihr dachten. Sie tat, was sie für richtig hielt. Die Sorgen ihrer Mitmenschen nahm sie sich sehr zu Herzen und war immer bereit, zu helfen. Sie wurde geliebt und verehrt von vielen, die ihr begegnet sind und die ihre Wärme und Freigiebigkeit zu spüren bekamen.
Ihr Vater, ein liebenswürdiger, maßvoller Mann, Sohn des Kirchenhistorikers Karl von Hase, war Hofprediger an der Garnisonkirche in Potsdam. Er war viel gereist und hatte so seinen Interessen für Theologie, Geschichte und bildende Künste folgen können. Aber die Laufbahn eines Militärgeistlichen lag ihm nicht sehr. Seit 1871 stand er in stetem Kontakt mit dem späteren Kaiser Friedrich. Seine Amtszeit als Hofprediger unter Wilhelm II. endete mit einer Enttäuschung, und so ging er als Honorarprofessor für Theologie nach Breslau, wo meine Mutter in einem angeregten Kreis interessanter Menschen aufwuchs. Sie war sehr sicher, gesellschaftlich sehr gewandt. Von ihrer Mutter, Clara geb. Gräfin Kalckreuth, hatte sie wohl die künstlerischen Neigungen, ihren ausgesprochenen Geschmack,

ihre Freude am Singen und ihr Maltalent. Viele Lieder hatte sie von ihrer Mutter gehört, die auch Schülerin von Clara Schumann und Liszt gewesen war. Als junges Mädchen hatte meine Mutter schon ein starkes Interesse an Pädagogik gezeigt. In einer Zeit, in der sich die meisten Mädchen, mit denen sie zusammenkam, noch im wesentlichen mit häuslichen und gesellschaftlichen Pflichten ausgefüllt sahen, entschied sie sich für das Lehrerinnenexamen. Mein Vater gab seinen ersten Eindruck von ihr einmal so wieder: „Im Hause des Physikers Oskar Meyer traf ich an einem der dortigen offenen Abende im Winter 1896 ein blondes, blauäugiges junges Mädchen, das mich schon beim ersten Eintreten ins Zimmer durch seine freie natürliche Haltung, seinen offenen, unbefangenen Blick in einer Weise gefangennahm, daß mir dieser Augenblick des ersten Sehens meiner späteren Frau als ein fast mystischer, lebensentscheidender Eindruck in der Erinnerung steht."
Uns acht Kindern hat unsere Mutter eine wunderschöne Jugend geschenkt. Sie war eine vorzügliche Pädagogin, immer konsequent mit uns, aber nie schulmeisterlich; sie unterrichtete uns auch alle während der ersten Schuljahre. Verbot blieb Verbot, aber viel lieber erlaubte sie, was irgend zu verantworten war. Sie verstand es ausgezeichnet, unsere Zustimmung zu erwerben und Probleme mit uns zu lösen, und mit unerschöpflicher Phantasie dachte sie sich in unsere Spiele ein. Es wäre unmöglich gewesen, ihr eine freche Antwort zu geben, und wenn wir zu anderen unverschämt waren, fackelte sie nicht lange, bis sie uns eine Ohrfeige gab. Sie betete und sang die Abendchoräle mit uns, solange wir Kinder waren. Zum erstenmal sah ich meine Mutter weinen, als Dietrich sich mit neun Jahren einen Vorderzahn beim Turnen abbrach und einen Stiftzahn bekommen mußte. So schlimm fand ich das nun nicht, und ich war ganz bestürzt über Mamas Tränen.

Wenn wir krank waren, hatte die Krankenpflege ein Niveau, das man heute selten sieht. Unser Hausarzt, Dr. Senz, der immer einen Hauch von Eau de Cologne um sich hatte, betrat dann mit Mama zusammen das Zimmer. Er rieb energisch seine Hände vor der Untersuchung, aber sie blieben immer ein kalter Schreck. Zwei fieberfreie Tage im Bett nach einer Krankheit waren Gesetz. Bettwäsche und Nachthemden wurden beliebig gewechselt. Die Diät war sehr sorgfältig. Die Zimmer wurden besonders gründlich aufgeräumt und gelüftet. Wenn man nicht baden durfte, wurde man auf mehrere Badetücher gelegt und von Kopf bis Fuß im Bett abgeseift. War es einem nachts schlecht oder schwitzte man, kam eine Betreuerin mit frischer Wäsche und rieb uns mit Franzbranntwein ab. Wenn wir still liegen mußten, wurde uns vorgelesen, und wir durften auswählen. Das war besonders schön. Meine Mutter machte andererseits nicht viel Sperenzien. Als ich zum Beispiel als Zweijährige nicht essen wollte und das Kindermädchen bestürzt meine Mutter konsultierte, meinte Mama: „Wir lassen sie solange hungern, bis sie wieder essen will, und zwar dasselbe.“ Und sie hatte recht, am nächsten Tag aß ich es mit Appetit.
Mama hatte ein unfehlbares Versgedächtnis bis ins Alter, von dem sie mir etwas vererbte, einen Besitz, der mir über manche schlaflose Stunde hilft. Frömmlerisches kam nie auf, Seelenkramerei gab es nicht. Sie erwartete viel Resolutheit und sprang zum Beispiel, ohne schwimmen zu können, einfach voran, als sie meinen Bruder Klaus auf dem Sprungbrett zögern sah.

Unsere Eltern hatten uns im Ostharz — schnell von Berlin zu erreichen — ein zweites Zuhause in Friedrichsbrunn geschaffen. An diese Ferienzeiten haben wir die fröhlichsten Kindheitserinnerungen. Die Reise in zwei eigens reservier-

ten Coupés unter der Oberaufsicht von Fräulein Horn war bereits ein Gaudium. In Thale warteten auf uns schon Zweispännerwagen, einer für die Kleinsten von uns und die Erwachsenen und einer für das Gepäck. Das große Gepäck war meist schon in Rohrplattenkoffern vorausgeschickt, und zwei Hausmädchen waren ein paar Tage vorher heraufgefahren, um das Haus zu putzen und zu heizen. Frau Sanderhoff, die sonst das Haus bewachte und in einem kleinen Nebenhäuschen auf unserem Grundstück mit ihrer Familie wohnte, half mit und hatte inzwischen schon für Holz und Kartoffeln gesorgt, und ihr Mann hatte für uns die Wiese gemäht, auf der wir toben wollten.
Von Thale aus hatte man noch sechs Kilometer aufwärts nach Friedrichsbrunn. Die Jungen liefen immer zu Fuß hinauf, denn es war ein schöner Weg durch Laubwald, und weiter oben kamen dann die Tannen und die schönen Durchblicke. Wenn unsere Eltern uns für ein paar Tage besuchen kamen und zwei von uns mit dem Pferdewagen nach Thale hinunterfahren durften, um sie abzuholen, war das ein Fest. Bei Steigungen sprang mein Vater immer aus dem Wagen und ging neben dem Kutscher und den Pferden her. Wir hatten inzwischen in Friedrichsbrunn das Haus mit kleinen Kerzennäpfchen illuminiert, die wir an alle Fenster setzten. So schimmerte das Haus den Heraufkommenden schon von weitem entgegen. Auf Spaziergängen mit den Eltern war Mama sehr unterhaltsam, und mein Vater warnte sie oft beim Steigen, nicht zuviel mit uns zu sprechen. Auch erlaubte er nie, daß wir uns bei ihr einhängten oder ihr unsere Blumensträuße „schenkten", wenn wir es langweilig fanden, sie zu tragen.
Nur mit großer Scheu gingen wir um den Schießstand, der für das Schützenfest beim Preisschießen benutzt wurde. Ein paar Tage zuvor war dort ein dreijähriges Dorfkind hineingefallen und ertrunken, weil das zwei Meter hohe

Standloch für den Anzeiger mit Regenwasser vollgelaufen war. Das war der erste Tod eines uns bekannten Kindes, von dem wir hörten und über den wir uns entsetzten. Es ist mir noch erinnerlich, daß die Erwachsenen, nachdem das Loch ausgepumpt und zugedeckt worden war, das Sprichwort zitierten: „Man deckt den Brunnen zu, wenn das Kind hineingefallen ist", und Dietrich und ich philosophierten als Neunjährige darüber.

Ein anderes Ereignis unter meinen ersten Jugendeindrükken, das in unsere fröhliche Friedrichsbrunner Ferienzeit ein großes Erschrecken brachte, ist mir noch erinnerlich. Es war ein heißer Julitag, und unsere Erzieherin, Fräulein Horn, ging mit uns drei Kleinen und Ursula zu dem Bergsee, in dem wir zu schwimmen pflegten. Schon auf dem heißen Hinweg ermahnte uns Fräulein Horn: „Kinder, geht langsam ins Wasser! Erst abkühlen!" Nachdem wir uns unsere Badeanzüge angezogen hatten, setzten wir uns also brav an den See und warteten, bis Fräulein Horn erlaubte hineinzugehen. Aber unsere Kindergärtnerin, Fräulein Lenchen, lief eilig voran ins Wasser und war schon in schnellen Stößen bald in der Mitte des Sees, als sie plötzlich versank. Dietrich bemerkte es zuerst und schrie gellend. Mit einem Blick übersah Fräulein Horn, was geschah, und ich sehe sie noch ihre Uhrkette abwerfen und in ihrem langen Lodenrock, wie sie stand, mit kräftigen schnellen Stößen hineinschwimmen, zurückgewendet zu uns den Befehl rufen: „Keiner geht hinein!" Wir waren sieben Jahre und konnten noch nicht schwimmen, weinten und zitterten und hielten die kleine Susi ganz fest. Wir hörten Hörnchen der Ertrinkenden zurufen: „Tempo machen, Tempo machen!" Wir sahen, wie schwierig es für Hörnchen war, Lenchen zu retten und zurückzuschaffen, die sich erst an ihren Hals hängte, aber bald ohnmächtig war, und wir hörten Hörnchens „lieber Gott, hilf, lieber Gott, hilf!", während sie mit Fräulein Lenchen auf dem Rücken zurückschwamm. Das ohnmächtige Lenchen wurde auf die Seite gelegt. Fräulein Horn steckte ihr den Finger in den Hals, um das Wasser herauszubekommen. Dietrich klopfte ihr sorgsam den Rücken, und wir hockten alle um Lenchen. Bald kam sie zu sich, und Fräulein Horn sprach ein langes Dankgebet. Später liefen wir noch eine Stunde durch den schönen Buchenwald nach Hause. Fräulein Horn klatschte der nasse, fußlange Lodenrock um die Beine, und sie war danach krank. Es war ihre einzige Krankheit während der neunzehn Jahre, die sie bis zu ihrer Heirat bei uns im Hause war.

1916, als die Nahrungsnot in Berlin immer akuter wurde, zogen wir in den Grunewald in die Wangenheimstraße 14 in ein großes Haus mit einem hübschen Garten. Dort konnten wir Ziegen und Hühner halten und die Ernährung etwas aufbessern. Die großen Brüder, die heranwuchsen und vielleicht schon bald eingezogen werden würden, brauchten nach Ansicht meiner Mutter reichlich zu essen, das lag als Sorge auf ihrer Seele. Sie wußte, was Hunger bedeutet.

1918, als eines Tages befürchtet wurde, daß die spartakistischen Gruppen in die westlichen Villengegenden vordringen würden, rief meine Mutter unserer Köchin zu: „Vor allem, Anna, eine große Menge schönen Kaffee und Kuchen für sie richten!" Faktisch blieb aber im Grunewald alles ruhig.

Auch einen Einbrecher, der sich bei uns über einen Baum in die obere Veranda eingeschlichen und unter einem Sofa versteckt hatte, fragte sie zuerst, ob er Hunger habe und etwas essen wolle, während meine Brüder ihn festhielten und ihm seinen Dietrich entwanden.

Feste zu feiern war die besondere Gabe unserer Mutter. Zusammen mit unserem Vater gab sie uns die hübschesten

Bälle und Maskenfeste. Sie war selbst schauspielerisch begabt. Wir Kinder führten im Hause mancherlei auf. Es gab eine große „Verkleidungskiste“ mit den verschiedensten Kostümen und Perücken. Wenn Mama vorlas, wurde die betonte Einfachheit ihres Sprechens in eigenartiger Weise zum Pathos. So auch beim Singen. Dietrich begleitete sie immer. Sobald sie sang, ging die Tür leise auf, mein Vater trat auf Zehenspitzen ein und setzte sich in den Hintergrund. Es waren noch die Zeiten, wo fünf Hilfen den großen Haushalt in Gang hielten, meiner Mutter nur die Organisation oblag und sie so für das Wesentliche freiblieb, für unseren Vater und die Töchter und Söhne.

Wie schwierig muß die Zeit für unsere Eltern in den Jahren 1922/23 gewesen sein, als finanziell alles zerrann! Zur Zeit der Inflation, in der jeder Verdienst sofort umgetauscht werden mußte in Eßwaren und Haushaltsdinge, weil in der nächsten Woche die Entwertung rapide weiterging, klagte unser Tischler meiner Mutter sein Leid: „Gnä' Frau sind die einzige, die die Rechnung gleich bezahlt. Alle anderen lassen sie noch liegen.“ Wenn jemand von unseren Eltern als von „reichen Leuten“ sprach, wehrte sich meine Mutter immer mit einem „ja, ja, reich an Kindern“ oder mit einem „der Divisor ist sehr groß“.

Innerhalb von sieben Jahren gab es bei uns sechs Hochzeiten, und zwischen 1923 und 1929 mußte meine gute Mutter vier Aussteuern besorgen. Sie war unermüdlich dabei. Es machte ihr Freude, aber es war doch recht anstrengend, diese dauernden Fahrten in die Stadt, verbunden mit den Schwierigkeiten, sogleich nach der Inflation gewisse Dinge aufzutreiben. Ihr liebevolles Vorausdenken für uns und ihre Ausdauer waren rührend. Bei jedem Einkaufsgang unterbrach sie die Besorgungen eine kleine Zeit bei einer Tasse Kaffee und Gebäck oder einer Bouillon und einem Pastetchen, und dann hatte man sie, losgelöst von zu

Hause, für sich, sehr gemütlich zu jedem Gespräch bereit. Bis sie dann „jetzt muß ich aber meinen Kopf zusammennehmen" sagte und zahlte, sehr gutes Trinkgeld gab und davoneilte.
Zu uns Töchtern sagte sie einmal: „Man glaubt wohl mit 16 Jahren, seine Mutter zu verstehen. Aber man versteht seine Mutter erst wirklich, wenn man selbst Kinder hat."

Unser Vater, geb. am 31. 3. 1868, dessen Vorfahren seit 1513 in Schwäbisch Hall ansässig waren und von denen manche dort in der Michaeliskirche ehrenvoll begraben liegen — sie waren damals Goldschmiede, Ratsherren und Theologen, später Ärzte und Juristen — hatte 1912 an der Berliner Universität den Lehrstuhl für Neurologie und Psychiatrie erhalten und die Universitätsklinik für Nerven- und Geisteskrankheiten übernommen.
An unseres Vaters Erscheinung waren wohl die ausdrucksvollen Augen und die sehr differenzierte Mimik das auffallendste. Er hatte einen schön geformten Kopf, dunkles Haar und eine brünette Haut. Seine Glieder waren grazil, und er bewegte sich sehr elastisch. Eindrucksvoll und sprechend waren auch seine Hände. Sehr behutsam und ausgewogen waren seine Gesten. Seiner Natur nach war unser Vater etwas distanziert und zurückhaltend, und doch blickten seine Augen den andern mit intensiver Einfühlung an. Wollte er einer Sache Nachdruck verleihen, so geschah das durch Akzentuierung, aber nie durch Lautwerden.
Professor Scheller sagte von ihm: „So wie ihm alles Maßlose, Übertriebene, Undisziplinierte von Grund auf zuwider war, so war an ihm selber alles Beherrschtheit, Einhalten der Form, äußerste Disziplin."
Er erzog uns durch sein Beispiel, durch die Art und Weise, wie er sein tägliches Leben führte. Er sprach wenig, und

wir entnahmen sein Urteil einem erstaunten Blick, einem Spaß, gelegentlich auch einem leicht mokanten Lächeln. Außergewöhnlich war sein klares Auge für das Echte, Spontane, Schöpferische. Er ließ uns seinen Respekt für warmherziges, selbstloses, selbstbeherrschtes Handeln spüren und vertraute darauf, daß man dem Schwächeren zur Seite stand. Er hoffte vor allem, daß wir einmal Wesentliches von Unwesentlichem zu unterscheiden lernen und unsere Grenzen erkennen würden. Seine große Toleranz verstellte der Borniertheit den Weg und weitete unser Haus. Er setzte das Gute voraus und erwartete viel, aber seiner Güte und seines gerechten Urteils waren wir immer gewiß. Er besaß großen Sinn für Humor und wußte bei einer Hemmung oft durch einen Spaß zu ermutigen. Sein gezügeltes Temperament ließ ihn nie ein Wort zu uns sprechen, das nicht ganz auf uns gerichtet gewesen wäre. Seine Ablehnung der Phrase hat manchen von uns zu Zeiten einsilbig und unsicher gemacht, aber erreicht, daß wir als Heranwachsende an Schlagwörtern, Geschwätz, Gemeinplätzen und Wortschwall keinen Geschmack mehr fanden. Ein Schlagwort oder ein Modewort hätte er selbst nie benutzt.

In unserer Erziehung standen die Eltern wie eine Mauer zusammen. Es kam nicht vor, daß einer „Hüh" und der andere „Hott" gesagt hätte. Unnachahmlich wirksam konnte mein Vater „Pfui" rufen. Das geschah zwar selten, vor allem dann, wenn einer von uns sich nicht zusammennahm, wenn er sich verletzt hatte oder nicht schnell wieder aufsprang, wenn er hingefallen war und seinen Schmerz übertrieb, um auf sich aufmerksam zu machen, um bemitleidet zu werden. Dabei war er der liebevollste, behutsamste Verbinder von Wunden; und wenn er uns einmal schnell eine Einspritzung geben mußte, weil der Hausarzt fern war, merkte man ihm an, daß er sie viel lieber sich selbst injiziert hätte. Sehr übel wurde es genommen, wenn

man einen von der Großmutter aufgetragenen Wunsch, z. B. etwas aus der Stadt mitzubringen, zu erfüllen vergaß. Wir sollten schon erkennen lernen, daß solches Vergessen in der Jugend Egoismus und unverzeihlicher Leichtsinn sei, während, wenn meine Mutter etwas vergaß, es Überforderung und Schwäche war.
Unser Vater war wohl die letzte Autorität für uns. Sagte unsere Mutter „Papa möchte das nicht gern“, so genügte dies, daß es nicht geschah. Wenn unser Vater das Zimmer betrat, wäre es unmöglich gewesen, dies zu ignorieren. Er war ein Meister der Zeiteinteilung; ohne je von „keine-Zeit-haben“ zu sprechen, brachte er unglaublich viel in seinem Tagesablauf unter, ohne gehetzt zu wirken. „Paulinchen, nicht hetzen“, rief er meiner Mutter oft zu.
Unser Elternhaus blieb ein Mittel- und Sammelpunkt für die große Familie und war — was ja nicht selbstverständlich ist — eine Attraktion auch für die Schwiegerkinder, und zwar nicht nur an Festtagen, sondern in Sturmzeiten, denn unsere Sorgen waren auch die der Eltern. — Tränen in den Augen ihrer erwachsenen Kinder füllten sogleich auch die Augen meiner Mutter mit Tränen, obwohl sie keineswegs ans Wasser gebaut hatte. Meine Eltern trennten sich fast nie, jeder war nur „ein halber Mensch“ ohne den andern. Sie brachten es in einer fünfzigjährigen Ehe auf eine Trennungszeit von ein paar Wochen.

Schulzeit

Mit zehn Jahren kam ich in die Schule zu Fräulein Adelheid Mommsen, einer Tochter Theodor Mommsens. „Adelheid Mommsen, Familienschule, Gymnasialzirkel", stand auf dem weißen Emailleschild in der Knesebeckstraße. In dieser Schule fanden sich die Kinder zusammen, deren Elternhäuser Fräulein Mommsen bekannt waren. Heute erscheint mir das Wort „Familienschule" als komisch, aber damals empfand man das offenbar nicht so. Fräulein Mommsen war sehr tüchtig, puritanisch und kosmopolitisch eingestellt. Sie hatte zwei halbgriechische junge Mädchen, Waisen, in ihr Haus genommen, für sie rührend gesorgt und sie später adoptiert und studieren lassen. Die Schule war sehr spartanisch eingerichtet. Erst in England fand ich später in Schulen wieder dieses Vorliebnehmen mit dem Einfachsten als charakteristisches Moment der Erziehung. Es war eigentlich eine Gartenhauswohnung, und der Hintergarten diente als Schulhof für die Pausen. Die Schule bestand nur aus vier Klassen, in denen Fräulein Mommsen und wenige andere, aber gute Lehrerinnen unterrichteten. Die Klassen waren klein, acht bis fünfzehn Schülerinnen. Es gab lange Sommerferien, beinahe drei Monate, und einen schulfreien Tag in jeder Woche. Meine älteren Schwestern hatten erst in einer Städtischen Schule begonnen, aber meiner Mutter gefiel dort der Ton nicht, und so waren sie schon bei Fräulein Mommsen, als ich hinkam. In meiner Klasse war Vera von Trott zu Solz, eine Tochter des damaligen Kultusministers, und in ihrem Hause sah ich auch Adam von Trott, der späten im Widerstand gegen Hitler meinen Brüdern nahestand und nach dem 20. Juli hingerichtet wurde.

Vera von Trott hatte immer die traurigsten Frühstücksbrote mit, aber beim Choralsingen war sie am innigsten beteiligt. Als ich bei Trotts zum Mittagessen eingeladen war – ich glaube, es waren schon sechs kleine Trotts um den Tisch – gab es Essen, das aus der Kriegsküche geholt worden war. Als Trotts bei uns im Garten spielten, sagte Dietrich zu mir: „Die Vera ist sehr nett." Leider zogen sie bald nach dem Ausscheiden ihres Vaters aus dem Amt auf ihr Gut Imshausen.

1917 nahm Fräulein Mommsen ein Mädchen englisch-jüdischer Abstammung auf. Es kam in unsere Klasse. Mit seinen Stocklocken und seiner fertigen Sicherheit war es ein etwas fremdes Element. Ich merkte bald, daß einige Mitschülerinnen dieses Kind abseits stehen lassen wollten und über es lachten. Das empörte mich und ich ging zu ihm. Meine alten Freundinnen versuchten, mich wegzuziehen. Ich habe damals schon solches Verhalten als eine sehr unfreundliche Handlung empfunden, und es gelang mir, nach einiger Zeit die Brücke zu diesem Kind zu schlagen; das Mädchen wurde dazugenommen.

1918 nahm Fräulein Mommsen zwei jüdische Schwestern aus Erlangen in meine Klasse auf, die mit ihnen nur aus sieben Schülerinnen bestand. Sie nahmen am Religionsunterricht nicht teil, und ich glaube, das erschwerte ihre Situation. Sogleich beschwerten sich zwei Mütter über die

„Belastung" durch den Einzug der zwei jüdischen Mädchen. Fräulein Mommsen blieb aber fest und ließ sich keineswegs hineinreden. Auch einige meiner Mitschülerinnen ließen es die Mädchen wieder merken, daß sie nichts mit ihnen zu tun haben wollten. Sehr nett war hingegen Vera von Trott mit ihnen. Und ich freundete mich auch mit ihnen an. Die Jüngere, dreizehn, war sehr begabt und interessiert, mir bei weitem über, las schon den „Grünen Heinrich", „Jürg Jenatsch", Thomas Mann, was ich damals noch nicht tat, aber unter ihrem Einfluß dann bald begann. Die Schwestern waren unzertrennlich und sehr zurückhaltend. Ich habe nie erreichen können, daß diese beiden Mädchen mich zu Hause besuchten. Ihre Eltern wollten offenbar, daß sie nur in jüdischen Häusern verkehrten.
1920 brachten es einige Mädchen fertig, mit kleinen silbernen Hakenkreuzen um den Hals in die Schule zu kommen. Von Fräulein Mommsen wurde ihnen später das Tragen dieser Hakenkreuze in der Schule verwehrt; das war um die Zeit, als man auch zum erstenmal das Lied „Hakenkreuz am Stahlhelm, schwarz-weiß-rotes Band, die Brigade Ehrhardt werden wir genannt" hörte.

Da wir acht lebhafte Geschwister waren, spielten die Schulfreundschaften keine sehr große Rolle. Unentbehrlicher war uns die Jugend der Nachbarschaft, und für uns jüngere Geschwister waren die großen Brüder in vielem maßgebend und tonangebend. Wir waren alle acht sehr unterschiedlich nach Temperament, Gaben und Interessen wie auch von Angesicht, und doch verband uns etwas, das wir unseren Eltern verdanken. Möge es in dem Versuch dieser Aufzeichnungen erkennbar werden.

Karl-Friedrich

Der Älteste, Karl-Friedrich, geb. am 13. 1. 1899, war sieben Jahre älter als ich. Meine Mutter sagte, wenn er die Reihe nicht angeführt hätte, wäre aus uns allen nichts Rechtes geworden. Er war offenbar sehr bald so verständig wie das Kindermädchen und konnte es pädagogisch bei seinen jüngeren Geschwistern vertreten. Er war rührend selbstlos, nahm stets das kleinste Stück — und das sein Leben lang. Er war immer Primus, ohne Schularbeiten zu machen. Die Schule lief neben seinen Interessen.
Mit vierzehn Jahren arbeitete er mit großer Akkuratesse den Stammbaum der Familie Bonhoeffer zurück bis ins fünfzehnte Jahrhundert aus und malte den Familienbaum auf ein großes Stück Leinwand, und so hing er fortan im Treppenhaus, bis er 1945 den Bomben anheimfiel. Als Junge malte Karl-Friedrich viel, aber bald packte ihn die

Physik und ließ ihn nicht mehr los. Als er 1918 ins Feld ging, steckte er seine Physikbücher in den Tornister. Sportlich war er gar nicht. Aber er lief oft mit großer Freude viele Stunden durch die Wälder.
Furchtbar schwer traf ihn der Tod unseres Bruders Walter, der im April 1918 fiel. Karl-Friedrich selbst wurde auch verwundet, er kam 1918 als Sozialist aus dem Schützengraben heim. Trotzdem behielt er einen starken Sinn für Tradition. Er war voller Bewunderung für die mannigfaltigen, auch künstlerischen Gaben, die er bei einfachen Soldaten entdeckt hatte und die, wie er damals glaubte, nie herauskamen, weil diese keine Chancen hatten, sie zu entwickeln.
Karl-Friedrich war ganz anspruchslos in äußerlichen Dingen und war im übrigen ein großes „Familienhuhn" und meistens zu Hause. Er studierte Physik und Chemie bei Nernst und war mit vierundzwanzig Jahren Assistent bei Fritz Haber am Kaiser-Wilhelm-Institut in Berlin-Dahlem. Er habilitierte sich in Berlin, und nach seiner bedeutenden Arbeit bekam er Rufe nach Zürich, Harvard, Charkow und Breslau. Er nahm aber Frankfurt an und ging später auf den Wilhelm Oswald Lehrstuhl nach Leipzig und Berlin. Mit dreißig Jahren heiratete er Grete von Dohnanyi, deren Charme und künstlerische Begabung ihn zeitlebens fesselten. 1938 rief man ihn noch nach Chikago, er blieb aber in Deutschland. Im Hinblick auf die Lage in Berlin und seine drei heranwachsenden Söhne und die junge Tochter entschloß er sich 1949 für Göttingen und wurde dort Direktor des Max-Planck-Instituts für Physikalische Chemie. Schon seit 1937 arbeitete er nicht mehr auf dem Gebiet des „schweren Wassers" weiter, sondern wandte sich den physikalisch-chemischen Vorgängen an lebenden Organismen zu. Karl-Friedrich war ein sehr beliebter Lehrer seiner Studenten und Assistenten.

Er haßte das nationalsozialistische Regime und half rassisch und politisch Verfolgten. Schwer hat er unter der Auswanderung der großen jüdischen Naturwissenschaftler — wie Born, Courant, Einstein, James Franck, Haber, Landau, Polanyi, Weyl und vieler anderer gelitten. Mit manchen von ihnen verband ihn Freundschaft. Auch unter Engländern und Amerikanern hatte er schon durch seine Arbeiten, die weltweite Anerkennung fanden, und durch seine Bescheidenheit sehr gute Freunde gewonnen.
Nach der Ermordung unserer Brüder Klaus und Dietrich und der Schwäger Hans von Dohnanyi und Rüdiger Schleicher durch die Gestapo war er dann, so oft er konnte, bei meinen alten Eltern. Der Verlust der vier Männer war unsagbar schwer für ihn. Auch der Tod eines Onkels, des Stadtkommandanten von Berlin, Paul von Hase, der am 20. Juli nach dem Attentat auf Hitler seine Truppen eingesetzt hatte, um das Regierungsviertel zu umstellen, und dafür von Freisler zum Tod durch Erhängen verurteilt worden war, hatte ihn sehr betroffen; zumal er auch Dietrich das Leben im Gefängnis erleichtert hatte.
Schon 1946 erlitt Karl-Friedrich einen Herzanfall. Es konnte kein Bruder seinen Geschwistern mehr zugetan sein, als er es war. Ein zweiter Herzinfarkt machte seinem Leben mit 58 Jahren 1957 ein viel zu frühes Ende. Seine Mitarbeiter schrieben: „In seiner unbestechlichen Sachlichkeit war er Hüter der Wahrheit auch in schwerer Zeit."

Walter

Walter, als Siebenmonatskind am 10. 12. 1899 geboren, war hellblond und blauäugig wie meine Mutter, er war zarter als Karl-Friedrich, ihm aber an Fixigkeit bald über. Ich entsinne mich gut seiner unaufhörlichen Beschäftigung mit seinen Tieren. Er liebte die Singvögel, konnte sie lokken und schützte sie, indem er Katzenfallen konstruierte, in die er abscheulich riechenden Baldrian tat, der die Katzen anzog.
Wir Kleinen bewunderten seine Kunststücke am Reck und am Barren. Wir liebten das Floß, das er uns für den Bergsee zimmerte. Wir bewunderten auch seine Schmetterlingssammlung, seine Steine und Vogeleier, seine selbstgefangenen Eichhörnchen, seine Tauben, seine Tiere in Aquarien und Terrarien, die er alle liebte.
Ich entsinne mich des Spätnachmittags in seinem Tierzimmer, als die Zornnatter sich in seinen Daumen festbiß und er nicht mit ihr fertig wurde; obwohl Walter ihr sofort einen scharfen Strahl aus der Wasserleitung auf den Kopf gab, ließ sie nicht locker, und wir bekamen Angst. Meine Mutter ließ schließlich meinen Vater aus der Sprechstunde holen, was es sonst nicht gab, um die Schlange Mores zu lehren. Ich glaube, sie bekam Äther.
Walter kannte immer die Verstecke der Krebse an den Teichufern. Er verstand sie zu fangen und zu kochen. Wir waren fasziniert, wenn sich ihre schlammfarbenen Panzer zinnoberrot färbten, und wir ihre Rüstungen aufbrechen und das weißrosa Fleisch aus den Scheren saugen durften. Walters zu Tisch immer ganz sauber geschrubbten, aber vom Holzschnitzen und Zimmern an der Hobelbank ganz

»Birkenwäldchen«,
das Geburtshaus der Zwillinge

verarbeiteten Hände sehe ich noch deutlich vor mir, auch beim Geigen. Die drei Jungen bekamen alle ihren Musikunterricht schon als Sechsjährige und hatten damals schon ihr Kindertrio. Aber Walters Hauptfreude war die Natur. Bei Friedrichsbrunn im Harz kannte er jeden Waldweg und Försterpfad, jede Losung der Tiere, ihre Spuren und Fährten. Er verbot uns, die Tannenschonungen zu betreten. Er wußte uns aber auch zu raten, wo bestimmte Pilze standen, auf welcher Halde Erdbeeren zu finden waren und wo die Himbeeren wuchsen.

In unserem Sommerhäuschen im Harz war er meist mit Sonnenaufgang draußen. Als passionierter Jäger freundete er sich überall, wo er war, mit den Förstern an. Schon früh war er ein ausgezeichneter Schütze. Mein Vater war Zeuge, wie er mit der Kugel einen kreisenden Falken schoß, als aber das Tier dann tot vor ihm niederfiel, war er so erschüttert, daß er in Tränen ausbrach.

Er lebte in den Tierbüchern von Hermann Löns, und ein Band Brehm lag meist aufgeschlagen auf seinem Arbeitstisch.

Als der Krieg 1914 ausbrach, war er fünfzehn Jahre. Er war kurz bei den Pfadfindern, wollte sich dann aber selbst härter trainieren und füllte sich für seine Wanderungen immer mehr Sandsäcke in seinen Rucksack. Er wollte das Notabitur machen und sich dann gleich als Fahnenjunker melden. Im April 1918 kam Walter ins Feld.

Ich erinnere mich noch des schönen Maimorgens 1918, der sich plötzlich so schrecklich verdüsterte. Mein Vater war im Begriff, das Haus zu verlassen und in seine Klinik zu fahren, und ich wollte gerade aus der Tür zur Schule; als aber der Telegrammbote uns zwei Depeschen brachte, blieb ich auf der Diele stehen. Ich sah, wie mein Vater eilig die Blätter öffnete, sehr blaß wurde, in sein Arbeitszimmer ging und an seinem Schreibtisch auf den Stuhl sank, vorn-

Frau Paula Bonhoeffer
mit ihren acht Kindern (1909)

übergebeugt, beide Arme stützten seinen Kopf, das Gesicht verbargen die Hände. Nie hatte ich meinen Vater so gesehen. Da wußte ich, was geschehen war, und wich in das Eßzimmer aus, das leer war.
Einige Minuten später sah ich meinen Vater durch die halbgeöffnete Tür die breite, bequeme Treppe, die er sonst so leicht stieg, am Geländer hinaufgehen in das Schlafzimmer zu meiner Mutter, die noch oben war, und dort blieb er für viele Stunden. Am Spätnachmittag erst sah ich unsere Mutter.
Mein Vater war damals fünfzig Jahre alt, er schrieb über Walter: „Mit fünf anderen Fahnenjunkern wurde Walter im Frühjahr 1918 nach einem Ausbildungskurs in Spandau wieder zu seinem Feldregiment geschickt. Schon beim Vormarsch am 22. 4., wo der begleitende Offizier sie geschlossen auf der beschossenen Straße marschieren ließ, schlug eine Granate in den Zug, tötete mehrere und verletzte die übrigen. Walter bekam mehrere Granatsplitter in beide Beine, was nach dem Bericht der Ärzte zunächst harmlos erschien. Es entwickelte sich aber eine Phlegmone, an der er nach acht Tagen Feldlazarett am 28. 4. 1918 starb. Der Bericht über die Verschlechterung kam gleichzeitig mit der Todesnachricht. Aus den im Lazarett geschriebenen, nachträglich an uns gelangten Briefen sahen wir, wie sehr er auf einen Besuch gewartet hatte, und ich kann auch heute nicht ohne Selbstvorwürfe daran denken, daß ich nicht trotz der beruhigenden Telegramme mit dem ausdrücklichen Vermerk, daß mein Kommen unnötig sei, doch sofort zu ihm abgereist bin.
Noch drei Stunden vor seinem Tode, nach einem letzten operativen Eingriff, diktierte er seinem Pfleger einen Brief, den ich hier folgen lasse: ‚Meine Lieben! Heute hatte ich die zweite Operation, die allerdings viel weniger angenehm verlief, weil tiefere Splitter entfernt wurden. Ich mußte

dann auch hinterher zwei Kampferspritzen, in Abständen natürlich, bekommen, hoffe aber, daß damit der Fall gänzlich erledigt ist. Meine Technik, an den Schmerzen vorbeizudenken, muß auch hier herhalten. Doch gibt es jetzt in der Welt interessantere Sachen als meine Verwundung. Der Kemmelberg mit seinen möglichen Folgen und das uns heute als besetzt gemeldete Ypern gibt uns viel zu hoffen. An mein armes Regiment darf ich gar nicht denken. So schwer waren für dieses die letzten Tage. Wie mag es den anderen Fahnenjunkern gehen? Voll Sehnsucht denkt an Euch, Ihr Lieben, Minute um Minute der langen Tage und Nächte Euer noch so weit entfernter Walter.'

Diese Verbindung einer die eigene Person zurückstellenden, um seine Kameraden, sein Regiment und das Vaterland bangenden charakterlich reifen Haltung mit einer kindlich anhänglichen Sehnsucht nach dem Elternhaus ist charakteristisch für ihn und wahrscheinlich für viele der in den ersten Jünglingsjahren in den Tod geschickten Jugend. Ich denke an die Studentenregimenter von Ypern, die in den Tod gingen und die uns heute so sehr fehlen."

Ich selbst bin fünfundvierzig Jahre später, 1963, in Ypern gewesen; damals wurde auf den Festungswällen dort noch in Erinnerung an die gefallenen Engländer der 2. Armee mit den alten silbernen Hörnern an jedem Abend ‚die letzte Post' geblasen. Ich sah auch das große Mahnmal, das die Engländer ihren Gefallenen dort gesetzt haben, es ist erschütternd, völlig bedeckt mit den Namen der 55 000 englischen Soldaten. Die 35 000 Namen der englischen Vermißten sind auf Platten eingraviert, die östlich von Ypern auf der Passchendaelehöhe stehen — nicht weit von dem deutschen Langemarkdenkmal. In England hörte ich oft die gleiche Klage um die jungen, besten damals dort gefallenen und nun fehlenden Männer.

Ein Vetter, der beim Generalstab war, hatte dafür Sorge

getragen, daß Walter nach Berlin zu uns überführt wurde. Seine Beerdigung, die die erste war, die ich erlebte, werde ich nie vergessen: den Leichenwagen mit den schwarz verhängten Pferden und den vielen Kränzen, meine totenblasse Mutter in ein großes schwarzes Trauertuch gehüllt (wie belächelte sie zeitlebens elegante Trauersachen), meinen Vater, meine Verwandten, die vielen stillen, schwarzen Menschen und den Weg zur Kapelle. „Jerusalem, du hochgebaute Stadt, wollt Gott, ich wär in dir", sangen wir zuerst. Dietrich saß neben mir und sang, „schön laut und deutlich" die Verse, wie Mama es immer mochte, und sie selbst vermochte es auch. Unser Onkel Hans von Hase hielt die Predigt; behalten habe ich nur die Worte: „Menschliches Wesen, was ist's gewesen? In einer Stunde geht es zugrunde, sobald die Lüfte des Todes dreinwehn", diese Verse Paul Gerhardts, die ich damals zum erstenmal hörte, und mit Schauern zu verstehen glaubte. Die Kameraden Walters trugen seinen Sarg, und die Bläser spielten, was meine Mutter ausgewählt hatte. „Was Gott tut, das ist wohlgetan, es bleibt gerecht sein Wille, wie er fängt meine Sachen an, will ich ihm halten stille." So sehr mir der Bläserchor zu Herzen ging, so erschrak ich, als ich zu Hause den Text las: „Was Gott tut, das ist wohlgetan. . ." es war mir nicht faßbar, ich begriff meine Mutter nicht.

Ich betete beinahe ein Jahr lang, daß es nicht Walter gewesen sein möge, den wir begraben hatten, sondern ein fremder Soldat, und daß Walter wiederkommen möge. Es schien mir der einzige Weg, die Eltern wieder froh zu machen. Denn Walter fehlte uns jeden Tag.

Nach dem Tod unseres Bruders Walter an der Westfront war die Lebenskraft unserer Mutter lange gebrochen. Nur kraft ihrer gläubigen Seele und der fürsorgenden Güte unseres Vaters genas sie wieder.

Klaus

Klaus, der dritte, geboren am 5. 1. 01, war eine ganz andere Natur, dunkelhaarig, mit dickem braunem Haar auf dem Rundschädel. Die Schule fand er gräßlich, kam oft zu spät, und über seine Lehrer ärgerte er sich viel. Er hatte früh ein ausgeprägtes Gerechtigkeitsgefühl und konnte sehr jähzornig werden, wenn jemand ihm sein Recht nicht gab. Mit sechzehn Jahren mußte man ihm das Mikroskop fortnehmen, weil er dauernd daran saß und darüber fast sitzengeblieben wäre. Mit siebzehn Jahren wurde er als Ordonnanz zum Hauptquartier nach Spaa beordert. Mein Bruder hat dort noch die Flucht Kaiser Wilhelms II. nach Holland erlebt. Er erzählte, wie der Augenblick sich ihm eingeprägt habe, als Hindenburg nach der letzten Konferenz mit dem Kaiser aus dem Zimmer getreten sei, „starr wie eine Statue in Gesicht und Haltung".

Klaus war sehr gutherzig und ein einfühlsamer Krankenpfleger; er war selbst nach einer Afrikareise so schwer krank gewesen, daß wir für sein Leben fürchteten. Immer hatte er ausgezeichnete Witze zu erzählen, er dachte sich gern Situationskomik aus und rief sie auch in manchen hervor. Sein Humor brachte Charme um seinen Mund und in seine schwarzen Augen. Er spielte ausgesprochen musi-

kalisch Cello, war aber nie mit sich zufrieden. Er hatte auch große Freude an guten Bildern und besaß überhaupt viel Kunstverständnis.
Klaus stand spät auf, frühstückte dann gern gut und behaglich und liebte eine interessante Unterhaltung dabei, die sich um diese Tageszeit aber nicht immer bot, wie er wünschte. Nach dem Mittagessen mahlte und brühte er sich gern selbst einen türkischen Kaffee und spielte uns Platten vor, die er liebte oder interessant fand, oder er sprach von den Büchern, die er gerade las. Nach der verhaßten Schulzeit studierte er Jura. Vorher hatte er sich länger mit Fragen der Nationalökonomie beschäftigt wie auch mit sozialen Fragen und hatte bei Siegmund-Schultze praktisch gearbeitet. Dagegen war ihm die praktische Referendarausbildung ein Greuel. Auch hier störten ihn verknöcherte, juristische Vorgesetzte sehr. Wenn man sie durch Klaus kritisiert hörte, erfuhr man, „wie mit Worten er seine Feinde fraß“, und wie ihm „rechter Orten so Herz wie Galle saß“.
Klaus war der Kleinste, aber sehr kräftig und sportlich gut. Er raufte sich als Junge viel mit seinen Brüdern. Klaus war auch unerschrocken; einem Dieb, der gerade zwei Pelzmäntel in unserer Garderobe abgehängt hatte, jagte er nach und entriß sie ihm wieder.
Er reiste gern und sah im Laufe seines Lebens fast alle europäischen Länder. Er war leidenschaftlich interessiert am Leben und an den Sitten anderer Völker. In den zwanziger Jahren saß er bei den russischen Emigranten, begeisterte uns für den „blauen Vogel“, für Balalaika-Musik und für Pawlowas „sterbenden Schwan“. Er kam mit russischen Rezepten, und unter seinem Einfluß nahm meine Mutter eine ältere russische Dame für längere Zeit ins Haus, und Klaus bemühte sich, Russisch zu lernen.
Klaus hatte einen sehr kritischen Verstand. 1930 veröffent-

lichte er eine in Fachkreisen sehr beachtete Arbeit über „Die Meistbegünstigung im modernen Völkerrecht."

Eine Weile war er Syndikus beim Reichsverband der Industrie, wurde dann Rechtsanwalt und ließ sich in der Bendlerstraße in Berlin nieder; „und er lief sich wirklich die Hacken ab", wenn er einem Menschen zu seinem Recht verhelfen konnte.

Wollte Klaus sich ein Urteil über einen Menschen bilden, den er anstellen wollte, so interessierte ihn das Lob der Mitarbeiter und derjenigen, die unter diesem Menschen arbeiteten, weit mehr als die Empfehlung der Chefs.

Klaus war sehr ritterlich und liebenswürdig besonders auch mit alten Menschen. Er ließ sich sehr gern von unserer Großmutter von früheren Zeiten erzählen, und er fühlte sich als Glied einer Kette von Generationen, wie wenige junge Menschen.

Sehr generös schenkte Klaus gern schöne Dinge und nie Alltägliches. Er war ein ausgesprochener Bürger, war sehr gepflegt, trug immer Hut, Schal und Handschuhe, gegebenenfalls sogar die Glocke, mit der wir Geschwister ihn ärgerten und auslachten.

Mit neunundzwanzig Jahren heiratete er Emmi Delbrück, die jüngste Tochter des Historikers Professor Hans Delbrück. Er kannte sie von Kindheitstagen an und war sehr eng mit ihrem Bruder, Justus Delbrück, befreundet. Sie bekamen eine Tochter und zwei Söhne.

Politisch war er äußerst interessiert und von Anfang an ein entschiedener Gegner des Nationalsozialismus wegen des Unrechtsgehalts und der Niveaulosigkeit dieses Regimes. Sein frühentwickeltes, empfindliches Rechtsbewußtsein wurde jetzt über das Maß strapaziert. Mit Wut und Beschämung schilderte er eine Szene, als ein „nichtarischer" entlassener Rechtsanwalt ins Gericht kam, sein Holzbein abschnallte und auf den Tisch warf mit den Worten: „Das ist der Dank des Vaterlandes!" – Wenn Eberhard Bethge schreibt: „Aus Scham und Liebe machten Christen und Nichtchristen Revolution", so traf das auch für Klaus zu. Alles, was ihm wertvoll war, stand auf dem Spiel. Und er meinte damals, in den Anfängen sollte man das Übel ersticken. Er hatte eine Witterung für das Faule und konnte auf Gemeinheiten leidenschaftlich reagieren. Im Widerstand arbeitete er mit der Gruppe von Harnack und Leuschner und mit seinen Freunden Nikolaus von Halem und Otto John zusammen.

Klaus hatte Todesahnungen. Er fürchtete oft, daß es mit unserer Familie in ihrem Widerstand gegen das Hitlerregime ein böses Ende nehmen würde. Als mein Mann und ich 1937 einen Plan mit ihm festlegen wollten, meinte er: „Ja, im Frühjahr ... wenn wir dann nicht schon die Radieschen von unten wachsen sehen!" Und ein andermal sagte er mir: „Du wirst es sehen, wir kommen noch alle aufs Schafott!"

Klaus floh nicht, als seine Verhaftung bevorstand, obwohl er Zeit und ein Flugzeug gehabt hätte – er war damals Syndikus bei der Lufthansa – aber er wollte seine Familie und Freunde nicht auch noch der Gefahr der Sippenhaft aussetzen.

Klaus dachte wohl daran, sich das Leben zu nehmen. Meine Schwester, Ursula Schleicher, konnte ihn von diesem Wege abbringen. Sie hat sich später, als Klaus von der Gestapo gefoltert wurde, oft gefragt, ob sie recht daran getan hatte. Am 2. 2. 45 wurde Klaus zusammen mit unserem Schwager, Rüdiger Schleicher, der Ministerialrat im Luftfahrtministerium war und seit Oktober 1944 mit ihm im Gefängnis Moabit gefangen gehalten wurde, vom sogenannten „Volksgericht" zum Tode verurteilt. Der Mitgefangene Eberhard Bethge sagte von Klaus: „Am Abend des Urteils ging von ihm die Mahnung zur Haltung und

Würde aus, indem er, in seiner Weise sich kurz aufrichtend, vor der Zellentür fest und bestimmt zu uns herübergrüßte."
Den Eltern schrieb er: „Es ist jedenfalls eine viel klarere Aufgabe zu sterben als in verworrenen Zeiten zu leben, weshalb seit je die glücklich gepriesen wurden, denen der Tod als Aufgabe bestimmt war ... Bei dem Ritt zwischen Tod und Teufel ist der Tod ja ein edler Genosse. Wie es auch kommen mag, ein gemeines Schicksal ist mir erspart."
Vor der Verkündigung des Todesurteils hat Klaus noch auf einen Zettel geschrieben: „Ich fürchte mich nicht vor dem Erhängtwerden, aber ich möchte diese Gesichter nie mehr sehen ... dieses Maß von Verkommenheit — ich möchte überhaupt lieber sterben, als diese Gesichter nochmal zu sehen. Ich habe den Teufel gesehen, das werde ich nicht los."
Als mein Bruder Karl-Friedrich ihn nach der Urteilsverkündung im Gefängnis besuchte, erzählte ihm Klaus, daß er die Matthäus-Passion auf seinem Klapptisch habe. Karl-Friedrich fand es schön, daß er die Musik beim Partiturlesen hören könne, Klaus sagte: „Aber auch den Text! den Text!" — Seine Frau konnte ihn noch öfter sprechen.
Er hat uns schöne Briefe an sie und seine drei Kinder hinterlassen, die in manche Briefsammlungen des 20. Jahrhunderts aufgenommen worden sind. Ihr Haus brannte am 24. April 1945 ab, aber die Kinder waren evakuiert in Sicherheit, und Emmi Bonhoeffer konnte sich aus dem verschütteten Keller gottlob befreien. Am 23. 4. 1945 wurde Klaus nachts von der SS — noch kurz vor der Eroberung Berlins — hinterrücks erschossen.
Seine Frau hat dieses furchtbare Schicksal tragen können, indem sie in Schleswig-Holstein ein großes Flüchtlingshilfswerk aufbaute. Sie hat ihre angeborene Tatkraft und Phantasie in den Dienst ihrer Mitmenschen gestellt und damit das Vermächtnis ihres Mannes erfüllt.

Ursula

Ursula, im Mai 1902 geboren, war schon als kleines Mädchen schön, mit ihren klar geschnittenen Zügen, ihren sehr großen dunklen Augen und ihren langen braunen Zöpfen. Sie spielte nicht die wilden Spiele mit uns, sondern versorgte lieber ihre Puppen oder tat etwas Ruhiges, Nützliches, und mit vierzehn Jahren war sie im Haushalt sehr bewandert. Ursel war äußerst gewissenhaft, auch in der Schule, und überhaupt immer etwas zu ernst für ihr Alter. Sie fand es abscheulich, daß Walter Spatzen schoß, und weinte, als etwas Spatzenblut auf ihr Kleid kam. Sie liebte aber ihr „Kränzchen" mit Freundinnen und Handarbeiten und bekam später eine gute Altstimme.
Nach der Schule ging sie in das Pestalozzi-Fröbel-Haus und dann in Fräulein von Gierkes Jugendheim. Sie wollte Fürsorgerin werden und begann ihre Ausbildung, aber die

Verlobung kam dem Abschluß zuvor. Mit einundzwanzig Jahren heiratete sie Rüdiger Schleicher, der damals Regierungsrat war. Im Ersten Weltkrieg war er schwer verwundet worden und laborierte noch oft an seiner Beinverletzung.

Von Ursel ging eine große Harmonie aus. Ursel und Rüdiger bekamen vier Kinder, und jeder freute sich an dem reizenden Familienleben. Rüdiger war ein sehr guter Geiger, dem die Musik unendlich viel bedeutete. Fast immer tönte Musik aus dem gastfreien Haus. Bis das große Unglück über sie hereinbrach: das Mißlingen des Attentats auf Hitler, am 20. Juli 1944, das ihren Mann in das Moabiter Gefängnis und vor Hitlers „Volksgerichtshof" brachte, wo Freisler ihn zusammen mit meinem Bruder Klaus am 2. 2. 1945 zum Tode verurteilte.

Ursula, mit ihrem sehr weiblichen Herzen, hatte sich schon immer viel Sorgen um ihren Mann und die Kinder gemacht. Sie hatte das Leben nie durch eine rosige Brille gesehen. Sie stand immer für einen Riß ein, wo es nötig war und beherbergte auch jüdische Menschen während der Verfolgungszeit, obwohl sie sich dadurch in Gefahr brachte. Ursula hat Rüdiger in der Gefängniszeit noch öfter besuchen können und ihm in seine Einzelzelle gebracht, was sie konnte, auch seine Geige, die ihm die grausame Gefangenschaft etwas erleichterte. Wenn er spielen wollte, ließ der Wächter, der gern zuhörte, seine Fesseln lösen.

In der Nacht vom 22. zum 23. April 1945, während die Russen schon Berlin beschossen, wurde Rüdiger Schleicher, meinem Bruder Klaus und einigen anderen Gefangenen bedeutet, daß sie verlegt werden würden, vielleicht sogar entlassen. Stattdessen wurden sie mit einigen anderen Gefangenen herausgeführt, hinter jedem ging ein SS-Mann mit einer Maschinenpistole. Plötzlich wurden sie auf dem freien Ulap-Gelände gegen eine Mauer abgedrängt und alle durch Genickschüsse ermordet. Ein Überlebender, bei dem der Schuß nicht tödlich war, der sich aber tot stellte, konnte sich etwas später retten und den Hergang des Mordes berichten. In einem Bombenkrater hat man die Ermordeten mit anderen Kriegstoten begraben.

Es war Freislers letztes Todesurteil gewesen. Damals trat ein Ereignis ein, das jedem Leser unglaubwürdig erscheinen mag, aber wahr ist. Ein Bruder Rüdiger Schleichers war am Tage danach mit einem Gnadengesuch für Rüdiger von Stuttgart nach Berlin gekommen und befand sich unterwegs zum Justizminister Thierack, um es ihm vorzulegen. Da ging am hellen Tage der verheerende Bombenangriff auf Berlin nieder und erschlug Freisler, den Vorsitzenden des „Volksgerichtshofs". Man rief nach einem Arzt, und das Schicksal wollte es, daß gerade Rüdiger Schleichers Bruder, der Oberstabsarzt war, zu Freisler gebracht wurde. Er konnte nur noch den Tod feststellen, aber er weigerte sich, den Totenschein auszustellen, ehe man ihn zu Thierack vorließe. Thierack soll durch dieses eigenartige Zusammentreffen bestürzt gewesen sein. Er versprach Rolf Schleicher, daß eine Vollstreckung des Todesurteils aufgeschoben und nach Einreichung eines Gnadengesuchs das Urteil überprüft werden sollte.

Mit den Worten „der Lump ist tot" kam Rolf Schleicher zu meiner Schwester Ursel, die inzwischen ihren Mann hatte kurz sprechen können. Doch das Todesurteil Rüdigers war schon unterschrieben. Freisler hatte es am Tage zuvor, am 2. 2. 45 im „Volksgerichtshof" zusammen mit dem Todesurteil für meinen Bruder Klaus verkündet.

Ursel, die schon lange schwere Befürchtungen gehabt hatte, zumal Rüdiger nicht in der Lage war, auch nur eine Notlüge auszusprechen, war nun furchtbar schwer getroffen. Ihr Sohn war zur Luftwaffe eingezogen worden. Es dauerte lange, bis sie sich von einer Herzschwäche wieder erholte.

Doch kann man von Ursula wohl sagen: „Das Ferne, Künftige beängstigt ihr fürchtend Herz. Was unabänderlich und wirklich da ist, trägt sie mit Ergebung."
Es galt nun, die Kinder ausbilden zu lassen. Ihre älteste Tochter hatte Dietrichs Freund, den Pfarrer Eberhard Bethge geheiratet. Der Sohn, aus dem Krieg zurück, studierte physikalische Chemie, die andern Töchter Philologie und Medizin. Nachdem Ursulas Kinder alle verheiratet waren, hat sie ihr Berliner Haus, dessen Dachstuhl 1945 ausbrannte, in ein hübsches, modernes, kleines Haus vertauscht, das sie sich in Hamburg baute, neben Professor Ritschl und seiner Frau, in der sie ihre treueste Freundin gefunden hat. Heute hat sie 12 Enkelkinder, die sie oft besuchen und von ihrer Lebensklugheit lernen, durch die sie mit der neuen Welt verbunden bleibt, und für die sie wieder mitdenkt und mitsorgt.

Christel

Christel, 1903 geboren, war Ursula im Alter am nächsten, und so wurden innerhalb der Kinderschar drei Gruppen geschaffen. Die „drei großen Jungen“, die „zwei Mädchen“, die „Zwillinge“, die später — um die Jüngste nicht einzeln zu lassen — mit ihr zu den „drei Kleinen“ gezählt wurden, was wir Zwillinge übelnahmen.
Christel hatte zu den Puppen kein Verhältnis und stand mit ihrem Interesse an Tieren Walter besonders nah. Sie kümmerte sich mit ihm um seine Eichhörnchen und Lachtauben, Schmetterlingssammlung, Terrarien und Aquarien, die sie zusammen mit ihm bastelte. Alles, was im Friedrichsbrunner Wald vorging, fesselte sie mit ihm gemeinsam. Sie hätte gern mit Walter und dem Förster auf dem Anstand gesessen. Sie wußte, wo die Rehe und Wildschweine sich aufhielten und war auch schon sehr ehrgeizig beim Schießen, erst einmal mit dem Pusterohr, später mit dem Luftgewehr.
Mit Walter verlor Christel ihre Kinderwelt. Sie war bei seinem Tode fünfzehn Jahre. Da sie später gern Zoologie studieren wollte, kam sie mit sechzehn Jahren auf das Grunewald-Gymnasium, wo ihre Sachlichkeit und Interessiertheit von den Lehrern und Mitschülern sehr respektiert wurde. Sie haßte die Phrase, sprach schon sehr präzis, liebte Wortgefechte und war hierin den Jungen keineswegs unterlegen. Sie war sehr distanziert, konnte auch sehr witzig sein. Großartig war ihre Schlagfertigkeit in Ver-

bindung mit ihrem Humor und einer depressiven Komponente. Diese Mischung machte jedes Zusammensein mit ihr reizvoll. Christel hat schon in der Obersekunda Hans von Dohnanyi, der damals vor dem Abitur stand, kennengelernt, mit dem sie sich später verlobte. Sie waren sich wohl schon damals einig.

Ich hörte sie sehr gern singen; sie sang besonders gut die Mignon-Lieder und auch die anderen Goethe-Beethoven-Lieder. Christel hatte nicht viel Stimme, aber sie sang sehr sensitiv. Sie studierte nur einige Semester Zoologie und kam zu keinem beruflichen Abschluß mehr, denn sie heiratete 1925 und folgte Hans von Dohnanyi nach Hamburg. Hans von Dohnanyi war ein außerordentlich begabter Mann, auch künstlerisch, war zwei Jahre älter als sie, hatte eine erstaunliche Energie und Arbeitskraft, war nie krank und war dabei ein Mann mit einem ausgesprochenen Charme. Er war damals Assessor und nahm bald eine wissenschaftliche Tätigkeit als Assistent am Institut für auswärtige Politik bei Professor Mendelssohn-Bartholdy auf. Seit 1929 war er dann persönlicher Referent bei den Reichsministern der Justiz Koch-Weser, Bredt und Joel. Er blieb auch auf diesem Posten bei Gürtners Antritt, mit dessen Zustimmung er schon 1933 im Widerstand gegen Hitler zu arbeiten begann. Nachdem der unbequeme General von Fritsch mit niederträchtigen, verleumderischen Methoden abgesetzt worden war, festigte sich Dohnanyis Beziehung besonders zu General Beck, damals Chef des Generalstabes.

Nachdem Hitler 1937 in einer Geheimsitzung dem Generalstab klar zu verstehen gegeben hatte, er werde seine „territorialen Forderungen“ mit Gewalt durchsetzen, versuchte General Beck energisch, die Generale zur Revolte und zum Widerstand gegen Hitlers Invasionspläne zu bewegen, aber umsonst. Im Mai 1938 teilte Hitler der Regierung

und dem Generalstab mit, daß er die Tschechoslowakei besetzen wolle. Wieder war es Beck, der sein Gewissen nicht dem Willen Hitlers unterwerfen wollte, der auf das Eindrücklichste General Brauchitsch, den Oberkommandierenden der Wehrmacht, an seine Pflicht erinnerte, sich diesem Befehl zu widersetzen. Aber alle Bemühungen Becks und seiner Freunde, des Generals Oster und des Chefs der Abwehr, Canaris und Dohnanyis waren vergeblich: Die Invasion der Tschechoslowakei erfolgte. Beck legte sein Amt schon im August nieder — aber er arbeitete fortan mit Canaris, Oster, Dohnanyi und einigen anderen gleichgesinnten Offizieren und Zivilisten umso energischer im Widerstand gegen das Regime Hitlers.
Da Dohnanyi nicht in die Partei eintrat, denunzierten ihn die eifersüchtigen Freisler und Bormann, und so schied er aus diesem Dienst und kam als Reichsgerichtsrat nach Leipzig, unterhielt aber seine Kontakte zu Admiral Canaris, der 1938 Leiter des Amtes Ausland/Abwehr im OKW wurde, zu General Oster und von Hassel.
Christel entwickelte ihre politischen Interessen erst im Zusammenhang mit der politischen Arbeit ihres Mannes. Es waren ihr Rechtlichkeitssinn und Anstand, ihr Abscheu vor soviel Verbrechen und Gemeinheit, die sie so stark in den Widerstand gegen Hitler hineinbrachten. Sie konnte schweigen, und so war sie auch später über die Schritte orientiert, die von Canaris—Oster—Dohnanyi politisch unternommen wurden.
Sie wurde mit meinem Bruder Dietrich und ihrem Mann zusammen 1943 verhaftet und in ein Frauengefängnis eingeliefert, wo im wesentlichen Kriminelle untergebracht waren. Gottlob gelang es meinem Vater, Christel durch die Hilfe eines alten Studiengenossen freizubekommen. Ihr Mann kam zuerst in das Offiziersgefängnis und später in das Konzentrationslager Sachsenhausen, wo er

Der Vater,
Professor Dr. Karl Bonhoeffer

unsagbaren Quälereien ausgesetzt wurde. Alle kriminellen Handlungen der Parteiprominenz hat Hans von Dohnanyi seit 1933 in einer „Chronik“ zusammengetragen. Meine Schwester Christel von Dohnanyi schreibt darüber: „Vom Morde und Mordversuch in den Konzentrationslagern, den inzwischen bekannt gewordenen Greueln in diesen Lagern bis zu den üblichen Devisenschiebereien der Gauleiter und den unerfreulichen Schmutzereien innerhalb der HJ- und SA-Führung gab es wohl kaum ein Delikt, das in dieser ‚Chronik‘ nicht verzeichnet gewesen wäre. Mein Mann hat im Laufe der Jahre dieses Material ergänzt und vervollständigt. Es waren Reden Hitlers, Berichte über Kriegsgefangenenbehandlung, Filme der Polengreuel, Berichte über die Ursachen des Bromberger ‚Blutsonntags‘, Anweisungen von Goebbels zu den Judenpogromen und mehr derartiges Material. Mein Mann war überzeugt, daß sich diese Berichte durch Erfahrungen aus anderen Ressorts im gegebenen Fall beliebig ergänzen ließen, und hat so zu mir gesagt, diese Unterlagen müßten genügen, um jedem, der willens sei zu sehen, die Augen über Hitler und sein Regime zu öffnen.“ General Beck war von Anbeginn an schon deshalb an diesen Akten sehr interessiert, um durch sie später aufzeigen zu können, daß nicht erst gegen Hitler konspiriert wurde, als der Krieg für verloren galt.
Wie schrecklich und beängstigend diese Zeit für Christel war, das zu beschreiben, fehlen mir die Worte; denn ihr Mann hatte sie auf Händen getragen, und es war eine ungewöhnliche Ehe im Zusammenpassen und Zusammengehen. Die Gestapo bezeichnete Hans von Dohnanyi als „das geistige Haupt der Bewegung zur Beseitigung des Führers“. Pfarrer Pölchau, der ihn im Gefängnis besuchte, berichtete: „Ich fand einen körperlich leidenden, aber gesammelten, ungewöhnlich bedeutenden Mann, dem ich nur wenig Dienste tun konnte.“ Meine Schwester Christel

Die Zwillingsgeschwister
Dietrich und Sabine Bonhoeffer

schrieb mir später: „Noch aus der Prinz-Albrecht-Straße, als man ihn quälte, soweit man das irgend konnte, schrieb Hans mir, er hielte sich an das Wort Shakespeares: ‚Du hast nicht halb die Kraft mir wehzutun, als ich's zu tragen!'"

Christel wurden furchtbare Aufgaben gestellt. Ihr Mann erbat sich von ihr in einem Kassiber Diphtherie-Bazillen, die er nehmen wollte, um seine Verhandlung hinauszuschieben; Christel hat sie ihm geschickt. Er hat daraufhin eine schwere Lähmung bekommen und war danach erst nicht mehr fähig zu gehen. Im April 1945 ist Hans von Dohnanyi in Sachsenhausen hingerichtet worden. Ehe er nach Sachsenhausen kam, hatte Christel ihn mit den Kindern — Professor Sauerbruch hatte Hans von Dohnanyi damals in seine Klinik aufgenommen und hat ihn lange wie ein Löwe gegen die Gestapo verteidigt — noch hin und wieder besuchen und die wichtigsten Dinge mit ihm besprechen können.

Die Kinder waren damals achtzehn, sechzehn und fünfzehn Jahre alt. Christel hat dann nur noch für sie gelebt, und das Verhältnis zwischen ihr und den Kindern war ein besonders enges. Aber sie hat dieses entsetzliche Leid nie verwunden, und es konnte ihr niemand helfen. Ihre Gefühle zeigte sie nicht; ihre große Selbstbeherrschung war immer ihr stärkstes Charakteristikum. Sie hat sich damit das Leben nicht leicht gemacht.

Christel hatte noch Freude an den Gaben der Kinder und an dem Interesse, mit dem die Söhne später ihren Berufen nachgingen, wie an der Anerkennung, die sie darin fanden. Sie verlor noch eine geliebte Schwiegertochter und zog, nachdem sie lange in der Familie ihrer Tochter Bärbel gelebt hatte, dann zu ihrem Sohn, um dem Enkel die Mutter zu ersetzen.

Christel schätzte schöne Dinge, hatte auch wohl Spaß an

Eleganz, aber wirklichen Respekt hatte sie eigentlich nur vor dem einfachen frugalen Leben. Mit dreiundfünfzig Jahren erlitt sie einen Herzinfarkt, von dem sie sich zwar wieder erholte, sie blieb aber leidend.

Es war charakteristisch für sie, daß sie bis zu ihrem Tode an ihren täglichen, mehrstündigen Waldspaziergängen ihre eigentliche Freude hatte, denn ihre Häuslichkeit bedeutete ihr ohne ihren Mann nichts mehr.

In den letzten Jahren ihrer Krankheit lernte sie in einem Sanatorium in Kassel Dr. Külper kennen, der durch Dietrichs Schriften auch von ihrem Schicksal wußte. Er erkannte ihr Leid und ihre innere Einsamkeit. Er widmete ihr fast seine ganzen Tage und ging täglich viele Stunden mit ihr spazieren, las ihr alle Bücher, die sie interessierten, vor und sprach mit ihr über die Dinge, für die sie lange keinen Gesprächspartner gehabt hatte. All dieses genoß sie außerordentlich. Ein halbes Jahr vor ihrem Tod schrieb sie mir: „Die Kinder sind rührend, aber haben schließlich Beruf und Haushalt, ich finde schon das reichlich genug. Ob die Kur genutzt hat, kann ich nicht entscheiden. Wenn der rührende Arzt, der zur Zeit selbst Rekonvaleszent ist, nicht wäre, wäre ich übel dran."

Durch den Einfluß von Dr. Külper hatte sich ihr Gefühl dem Schicksal gegenüber geändert. Dr. Külper war selbst schwer krank gewesen, seine große Belesenheit, Einfühlsamkeit und seine Hilfsbereitschaft taten ihr wohl. Sie sprach zu ihm ganz offen, während sie sonst gerade das, was sie aus den schwersten Zeiten menschlich und politisch innerlich noch beschäftigte, kaum über ihre Lippen brachte. Es war augenfällig, daß diese Gespräche ihre Seele erleichterten. Er war es auch, der ihr zur Seite stand, als Christel mit einundsechzig unerwartet an einem Herzinfarkt starb. Dieser christliche Nächstenliebe übende Mann hat es verstanden, ihre Skepsis ihr selbst fragwürdig zu machen.

Dietrich

Von Dietrich ein Bild seines Wesens zu geben, fällt mir am schwersten. „Wie soll ich loben und doch maßvoll bleiben, auch sparen nicht, daß dran dein Bild nicht leide?" Ob die Zwillingsschaft mit ihm etwas damit zu tun hat, vermag ich nicht zu sagen. Jedenfalls war die Verbundenheit mit meinen älteren Brüdern und meinen Schwestern anderer Art als die Zusammengehörigkeit mit meinem Zwillingsbruder Dietrich.

Dietrich kam am 4. 2. 1906 zehn Minuten vor mir auf die Welt, und diesen stolzen Vorsprung betonte er in unserer Kindheit gern. Er war blauäugig, kräftig, mit einem großen weißblonden Haarschopf angetan. Als Vierjähriger fragte er meine Mutter: „Hat der liebe Gott auch den Schornsteinfeger lieb?" und „Ißt der liebe Gott auch Mittagessen?"

Wir waren natürlich ein Gespann, jeder von uns beiden sagte selbstverständlich: „Komm mit", wo es etwas zu erleben oder zu tun gab. Beim Ball- und Soldatenspielen mit anderen traten wir nicht als Gegner, sondern als Verbündete an, meist mit einer kleinen Subordination meinerseits. Immer erfuhr ich, wenn Dietrich „wahnsinnig durstig", „es wahnsinnig heiß" war oder er im Kriege 1917 „wahnsinnigen Hunger" oder „wahnsinniges Bauchweh" hatte.

Bei aller Ausgelassenheit und Kraft war Dietrich ein sensitives Kind und schloß sich auch nicht leicht in der Schule an. Freilich hatte er an seinen Geschwistern seine Spielgefährten. Dietrich und ich schliefen als Acht- bis Zehnjährige im selben Zimmer und hatten abends in unseren Betten ernsthafte Gespräche über den Tod und das ewige Leben. Der Krieg 1914 war ausgebrochen, und wir hörten vom Tod der großen Vettern und der Väter der Klassenkameraden. Und so lagen wir abends nach dem Beten und Singen, zu dem sich unsere Mutter, wenn sie im Hause war, immer einfand — noch lange wach und versuchten, uns das Totsein und das ewige Leben vorzustellen. Wir bemühten uns, der Ewigkeit jeden Abend etwas näher zu kommen, indem wir uns vornahmen, nur an das Wort Ewigkeit zu denken und keinen anderen Gedanken einzulassen. Sie schien uns sehr lang und unheimlich. Nach längerer Zeit intensiver Konzentration fühlten wir uns oft schwindelig. An diesem selbstgewählten Exerzitium hielten wir lange fest. Wir hingen sehr aneinander und jeder wollte der letzte sein, noch einmal das „Gute Nacht" dem anderen zuzurufen, und ich entsinne mich, daß das endlos hin- und herging, und wir uns oft mühsam aus dem Schlaf rissen. Dies alles war absolutes Geheimnis zwischen uns Zwillingen.

Dietrich war ein ritterlicher Junge, trug, was den Schwestern zu schwer war, schob mir beim gemeinsamen Lesen aus einem Buch das Buch näher und war überhaupt immer nett und hilfsbereit, wenn man ihn um etwas bat.

Als Kind hat Dietrich die Furcht gekannt, und insofern gestalteten sich 1913 die Anfänge im Friedrich-Werderschen-Gymnasium erst etwas schwierig. Er mochte den Schulweg nicht allein machen, wobei er eine große Brücke zu überqueren hatte, und mußte deshalb die erste Zeit hingebracht werden. Die Begleiterin ging dann auf der anderen Seite des Fahrdamms, um ihn nicht vor seinen Kameraden zu beschämen; schließlich überwand er diese Angst.
In Friedrichsbrunn hatten wir ein zweites Zuhause und genossen alle Freuden des Gebirges und der Wälder. Freunde und Vettern durften wir nach Friedrichsbrunn einladen. Aber als Kind mochte Dietrich keinen Klassenkameraden mitnehmen. Er hatte immer noch keinen speziellen Freund, freute sich aber, wenn unser Vetter Hans Christoph von Hase, der in unserem Alter war, mit uns kommen durfte. In dem großen Friedrichsbrunner Garten konnten wir tun und lassen was wir wollten. In den Schneisen der Tannenwälder krochen wir herum und suchten mit großem Eifer Pilze, die wir genau kennenlernten. Dietrich konnte außer sich vor Freude geraten, wenn er ein besonders schönes Exemplar fand. Es ist mir auch unvergeßlich, wie reizend Dietrich beim Beerensammeln auf den sommerlich heißen Halden war, wenn er mir mein Beerentöpfchen mit seinen mühsam gepflückten Himbeeren auffüllte, damit ich nicht weniger hätte als er und mir die Hand hinstreckte, wenn es abschüssig war.
Abends fanden sich auf unserer großen Wiese auch die Dorfkinder zum Völkerballspielen ein. Das liebte Dietrich besonders. Er war nicht ohne Ehrgeiz beim Spiel, aber absolut fair, wo die anderen gern einmal schummelten. Eines Tages kam er als Sieger bekränzt von einem Sportspiel nach Hause, wurde aber von den großen Brüdern für diese Zurschaustellung belächelt, so daß er höchst beschämt den Kranz abnahm.

Auf der Hinreise in den Harz machte Dietrich gern immer schon in Halberstadt oder Quedlinburg halt, um sich noch die Dome anzusehen, und er hat dort ehrfürchtig gestanden, bewundert und geforscht, wer dort begraben lag. Er wußte schon allerlei von der Geschichte dieser Städte.
Als Dietrich mit acht Jahren Freude an der Musik fand, ermunterten ihn unsere Eltern jeden Sonnabendabend zu einem Klaviervorspiel. Er wurde ein sehr gewandter „Blattspieler" und mußte bald auch zu Cello und Geige und zum Gesang der Schwestern begleiten. Mit Freuden hat er unsere Mutter begleitet, wenn sie die Gellert-Beethoven-Psalmen oder die Cornelius-Lieder am Weihnachtsabend sang. Dietrich war ein sehr einfühlsamer Begleiter, und sein guter Charakter zeigte sich auch hier, indem er immer die Fehler des andern zudecken und ihm jede Beschämung beim Vorspiel ersparen wollte. Rührend geduldig begleitete er oft für Stunden, so daß er manchmal nicht zum Üben seiner eigenen Klaviermusik kam. Dabei dachte er doch eine Zeitlang daran, Musiker zu werden, war aber dann kritisch genug einzusehen, daß es dazu nicht ausreichen würde.
Als er ungefähr vierzehn Jahre war, vertonte er den Psalm: „Was betrübst du dich, meine Seele, und bist so unruhig in mir, harre auf Gott, denn ich werde ihm noch danken, daß er mir hilft mit seinem Angesicht." Er versuchte damals auch, ein Trio über das Schubertlied „Gute Ruh" zu komponieren. Beides ist leider nicht erhalten. Zu seinem siebzehnten Geburtstag schrieb ich ihm mit dem Pinsel in drei Farben die Verse von Tersteegen „EinTag, der sagt's dem andern, mein Leben sei ein Wandern zur großen Ewigkeit. O Ewigkeit, du schöne, mein Herz an dich gewöhne, mein Heim ist nicht in dieser Zeit." Dietrich hatte sich das von mir gewünscht, freute sich darüber und hängte es in seinem Zimmer auf.

Im Grunewald-Gymnasium war er gern und hatte ein gutes Verhältnis zu seinen Lehrern und Mitschülern, wenn er hier auch keinen besonderen Freund fand. Mit fünfzehn Jahren wurden wir zusammen eingesegnet. Damals war Dietrich schon entschlossen, Theologie zu studieren.
Dietrich liebte Feste. Diese Feste und Bälle bei uns erfreuten sich einer gewissen Berühmtheit; sie waren offenbar nie langweilig. Vielleicht war es die Mischung künstlerischer und akademischer Tradition, die der Atmosphäre unseres Elternhauses den Charme gab und so viele Menschen auf den mannigfaltigsten Wegen dort zusammenführte. In der Nachbarschaft wohnten die Professorenfamilien Delbrück, Harnack, Hertwig, Planck, His, Hildebrand; und die Jugend, die jungen Ärzte der Klinik, Musiker, Theologen, Juristen feierten Bälle, Geburtstage und Examina mit uns. Dietrich hatte die geselligen Talente, die Freude am Bewirten und Behaglichmachen von unserer Mutter geerbt.

Meine nahe Verbundenheit mit Dietrich blieb auch bestehen, als sich unsere Wege äußerlich trennten, als Dietrichs Studienzeit und theologische Berufsausbildung begann und für mich nach meiner Verlobung und Heirat mein Mann und die Kinder in den Vordergrund rückten.
Nach seinen ersten theologischen Studiensemestern in Tübingen setzte er sein Studium in Berlin fort. Hier begann seine erste nahe Freundschaft: mit dem Theologiestudenten Franz Hildebrandt, der heute Professor für Theologie in Drew University USA ist. Schon 1927 promovierte Dietrich mit einer Arbeit über „Sanctorum communio" bei R. Seeberg. Ich weiß noch so gut, wie er daran an seinem Stehpult arbeitete, aber sich immer unterbrechen ließ, wenn ich morgens mit dem Kinderwagen, in dem sein Patenkind Marianne lag, in den Garten meiner Eltern kam. 1928 bestand

Dietrich sein erstes theologisches Examen, und einen Monat darauf ging er an die deutsche Gemeinde in Barcelona als Vikar. Aus Spanien schrieb er uns oft und wollte uns zu einem Besuch verlocken, um uns alles Schöne zu zeigen. Selbst die Stierkämpfe faszinierten ihn. Die Eltern und Klaus besuchten ihn dort. Er blieb ein Jahr. 1930 brachte er sein weiteres Examen hinter sich. Die starke Konzentration auf seine Arbeit trug bald Früchte. Er kam mit seiner Habilitation noch im selben Jahre heraus. Sie handelte über „Akt und Sein". Noch in dem gleichen Monat hielt er seine Antrittsvorlesung über „die Frage nach dem Menschen in der gegenwärtigen Philosophie und Theologie".

1930 war er dann für ein dreiviertel Jahr am Union Theological Seminary, New York, als Austauschstudent. Er hatte auch, als er aus den USA zurückkam, einige Wochen bei Karl Barth in Bonn Theologie gehört. Sehr viel drängte sich in das Jahr 1931. Er war nun Privatdozent an der theologischen Fakultät der Berliner Universität und gleichzeitig Studentenpfarrer an der Technischen Hochschule, unterrichtete auch seine Konfirmandenklasse in der Zionskirche in demselben Jahr. Bei der Einsegnung von Dietrichs Konfirmanden begleitete ich meine Mutter. Wir waren sehr bewegt von dem Gottesdienst und Dietrichs Predigt. Zum erstenmal sah ich hier Dietrich im Talar.

Gleich nach der Machtergreifung Hitlers hat Dietrich sich durch Reden über das Radio ganz entschieden gegen den Nationalsozialismus gewandt. Er sagte zu mir, wenn der Arierparagraph in der Kirche durchkäme, müsse „etwas Gewaltiges" geschehen. So hielt Dietrich schon am 1. 2. 1933 einen Vortrag im Rundfunk über das Thema „Der Führer und der einzelne in der jungen Generation". Wir hörten seinen Vortrag damals am Rundfunk und waren Zeuge, wie die Rede plötzlich unterbrochen wurde. Dietrich hatte gesagt, „der Mensch und insbesondere der Jugendliche wird solange das Bedürfnis haben, einem Führer Autorität über sich zu geben, als er sich selbst nicht reif, stark, verantwortlich genug fühlt, den in diese Autorität verlegten Anspruch selbst zu verwirklichen. Der Führer wird sich dieser klaren Begrenzung seiner Autorität verantwortlich bewußt sein müssen. Versteht er seine Funktion anders, als sie in der Sache begründet ist, gibt er nicht dem Geführten immer wieder klare Auskunft über die Begrenztheit seiner Aufgabe und über dessen eigenste Verantwortung, dann gleitet das Bild des Führers über in das des Verführers ..."

Dietrich war entrüstet über den plötzlichen Abbruch des Vortrags. Fast unverändert nahm aber die Kreuz-Zeitung den Artikel auf und in erweiterter Form war es ihm möglich, denselben Vortrag dann noch an der Hochschule für Politik zu halten. Als der Arierparagraph eingeführt wurde, schrieb Dietrich an Karl Barth:

„Sie haben gesagt, daß dort, wo eine Kirche den Arierparagraphen einführen würde, sie aufhört, christliche Kirche zu sein. In dieser Meinung ist sicher ein großer Teil dieser Pfarrer mit Ihnen einig. Nun ist das zu Erwartende eingetreten, und ich bitte Sie im Namen vieler Freunde, Pfarrer und Studenten darum, uns wissen zu lassen, ob Sie es für möglich halten, in einer Kirche, die aufgehört hat, christliche Kirche zu sein, zu bleiben ..."

Noch im selben Monat schrieb Dietrich einen Artikel „Die Kirche vor der Judenfrage". Darin heißt es, daß es die Aufgabe der christlichen Verkündigung sei, deutlich auszusprechen, „hier, wo Jude und Deutscher zusammen unter dem Wort Gottes stehen, ist Kirche, hier bewährt es sich, ob Kirche noch Kirche ist oder nicht". Den Neutralen, die sich in die Liturgie flüchteten, rief Dietrich zu: „Nur wer für die Juden schreit, darf gregorianisch singen!"

Den Brüdern, die sich unterwerfen wollten, um ein Pfarramt zu bekommen, sagte er: „Ein einziger Akt des Gehor-

sams ist glaubwürdiger als hundert Predigten eines ungehorsamen Pfarrers."
Schon 1933 hat Dietrich eine Konstellation vorausgesehen, die die Kirche unentrinnbar verpflichten würde „nicht nur die Opfer unter dem Rad zu verbinden, sondern dem Rad selbst in die Speichen zu fallen". Noch 1933 entschied Dietrich sich dann für die Übernahme von zwei Pfarrstellen an der St. Pauls Gemeinde und in Sydenham, der evangelischen Kirchen Londons. Er wollte aus Protest der NS-Kirchenleitung den Rücken kehren. Barth hat es ihm verübelt, daß er nach London ging und ist sehr in ihn gedrungen, er müsse wieder nach Deutschland heimkehren, um sich um die Bekennende Kirche zu kümmern.

1935 hat Dietrich London wieder verlassen und das Finkenwalder Prediger-Seminar der Bekennenden Kirche übernommen und auch weitergeführt, als es vom NS-Staat für illegal erklärt wurde. Eberhard Bethge, der ihn damals zum erstenmal sah, berichtet von ihm: „Es war im Jahre 1935 am sandig gelben Strand der Ostsee, als ich Dietrich Bonhoeffer zum erstenmal traf: einen großen, sehr kräftig gebauten Mann von kaum dreißig Jahren mit beweglichen blauen Augen, mit einem sensiblen, aber beherrschten Mund und mit etwas lässigen Bewegungen. Er entpuppte sich als ein höchst unkonventioneller Leiter dieser Ansammlung von Pfarramtskandidaten. Wenn die Sonne etwa den hellen Strand beschien, mußte ihre Einladung beachtet werden. Nur sehr ungern und selten ließ er sich in den Spielen am Strand schlagen ... Allmählich ließen wir uns immer lieber in das Fach der menschlichen Freiheit einführen. Das hatten wir eigentlich zuletzt erwartet, als man uns in dieser Zeit des wütenden Kampfes in ein illegales Prediger-Seminar einwies. Zwar setzten wir uns begeistert mit den Lehren der deutschen Christen auseinander, aber wir behielten darin doch den gleichen grimmigen Eifer und verbissenen Ernst unserer Gegner. Bonhoeffer aber hatte wohl kompromißloser als irgendeiner von vornherein diese ganz andere überlegene Dimension der persönlichen Freiheit, und er konnte sie unwiderstehlich mitteilen."

In unsere geschwisterliche Zusammengehörigkeit bezog Dietrich meinen Mann ganz mit ein, und zwar in hohem Maße, besonders als Gert durch das Hitlerregime menschlich und beruflich Schwierigkeiten bekam. Dietrich stand sogleich entschieden zu ihm, wie Dietrich überhaupt der Meinung war, daß die Kirche sich für die Entrechteten und Ins-Schweigen-Gestoßenen einsetzen müsse. Es genügte ihm nicht, daß sie Frieden predigte und um ihre eigene Erhaltung bemüht war.

Während der unerquicklichen Jahre, die der Machtergreifung Hitlers folgten und die wir noch in Göttingen erlebten, besuchte uns Dietrich oft mit seinem Freund Franz Hildebrandt, Niemöllers Hilfsprediger, und später mit Eberhard Bethge. Wir standen uns sehr gut mit Dietrichs Freunden. Es waren immer schöne Wochen mit langen Waldspaziergängen und auch mit Tennisspielen. Dietrich arbeitete gern in unserer sonnigen Veranda, und abends gab es viele Gespräche über Politik, den Kirchenkampf und über die so undurchsichtige Zukunft. Manchmal hörten wir auch Musik, manchmal spielte Dietrich oder Franz Hildebrandt etwas auf unserem Flügel. Abends telefonierte er oft mit den Eltern in Berlin, aber schon damals benutzte man oft Codeworte. Auch Gäste kamen noch gelegentlich, obwohl das gesellschaftliche Leben schon langsam abstarb. Bald konnte ja niemand mehr mit Gewißheit sagen, ob ein sogenannter Kollege sich inzwischen in einen Denunzianten verwandelt hatte. Für meinen Mann mit seinem offenen Herzen, seiner vertrauensvollen, beinahe naiven, warmen Natur war dieser eisige Einbruch in die freundschaftlichen und beruflichen Beziehungen sehr deprimierend. Umso mehr tat uns Dietrichs so selbstverständliches Zu-uns-Stehen wohl. Er öffnete uns immer wieder einen neuen Horizont, der nicht so dunkel war, obwohl er unser Dilemma voll begriff und die ganze Problematik sah. Was er später so aussprach, hat er auch gelebt: „Wir sind nicht Christus, aber wenn wir Christen sein wollen, so bedeutet das, daß wir an der Weite des Herzens Christi teilbekommen sollen in verantwortlicher Tat, die in Freiheit die Stunde ergreift und sich der Gefahr stellt ... Tatenloses Abwarten und stumpfes Zuschauen sind keine christlichen Haltungen. Den Christen rufen nicht erst die Erfahrungen am eigenen Leibe, sondern die Erfahrungen am Leibe der Brüder, um derentwillen Christus gelitten hat, zur Tat und zum Mitleiden."

Über seine Arbeit in der Bekennenden Kirche und sein Wirken im Kirchenkampf möchte ich auf die hervorragende Biographie „Dietrich Bonhoeffer, Theologe — Christ — Zeitgenosse" seines Freundes Eberhard Bethge hinweisen, in der dieses alles ausführlich behandelt wird. Dietrich erzählte uns schon in den ersten Jahren des Kirchenkampfes viel von alledem, was ihn bewegte. Auch meine Mutter in Berlin ließ sich immer genau von ihm informieren. An den kirchenpolitischen Fragen nahm sie außerordentlichen Anteil, und Dietrich besprach sehr vieles gern mit ihr.

1937 sahen wir Dietrich noch bei meinen Eltern. Er lag mit einer häßlichen Grippe gerade zu Bett. Mein Mann, der bei ihm am Bett saß, unterhielt sich mit ihm, und Dietrich sagte plötzlich zu ihm: „Du und ich, wir werden kein langes Leben haben."

Wir sahen Dietrich nach unserer Emigration im März 1939 in London bei uns wieder.

Als die Gefahr, daß Hitler seine Kriegspläne verwirklichen würde, akut wurde, suchte Dietrich damals von London aus Professor Niebuhr aus New York auf, der gerade seine Europaferien in Bexhill verbrachte. Gert begleitete Dietrich zu ihm. Dietrich berichtete Niebuhr von seinen Informationen über den im Herbst wahrscheinlich bevorstehenden Krieg und davon, daß der Bruderrat ihm nun zugeredet habe, möglichst nach den USA zu gehen, und daß er diesen Hitlerkrieg nicht unterstützen wolle. Dietrich meinte nun, er würde gern im Sommer eine Vorlesung drüben halten. Professor Niebuhr versuchte gleich, für ihn telefonisch eine Einladung für Vorlesungen im Sommer-Term am Union Theological Seminary zu arrangieren. Die positive Antwort kam im Mai. Dietrich dachte auch an ein kirchliches Gemeindeamt daneben, denn eine rein professorale Existenz hielt er nicht für erlaubt. Am 7. Juni fuhr Dietrich nach New York – aber am 13. Juli war er schon wieder zurück und noch zwei Wochen bei uns in London, bis er nach Deutschland zurückkehrte.

Die Sorge um seine jungen Theologen wie um die unterdrückten Menschen in Deutschland stand ihm so im Vordergrund, daß seine eigene Person ganz zurücktrat. Dietrichs Überlegungen 1939, die der Entscheidung, aus dem sicheren Amerika wieder nach Deutschland zurückzugehen, vorhergingen, hat Reinhold Niebuhr einmal als „zu den schönsten Äußerungen christlichen Märtyrertums gehörend" bezeichnet. Dietrich schrieb vor seiner Rückkehr aus Amerika noch an Professor Niebuhr, der ihm ja die Einladung vermittelt hatte:

„Ich würde kein Recht haben, am Wiederaufbau des christlichen Lebens in Deutschland nach dem Krieg teilzunehmen, wenn ich nicht die Prüfungen dieser Zeit mit meinem Volk teile. Christen in Deutschland werden sich der furchtbaren Entscheidung gegenübersehen, entweder die Niederlage ihrer Nation zu wünschen, damit die christliche Kultur überlebe oder den Sieg ihrer Nation zu wünschen und damit unsere Zivilisation zu zerstören." Dietrich war kein Heiliger. Aber Christus war „sein Leben und darum auch sein Gewissen". Auf Dietrich trifft das zu, was Martin Buber meint, wenn er sagt, „es ist dem großen Charakter eigentümlich, mit seiner ganzen Substanz zu handeln, und das heißt, es ist ihm eigentümlich, auf jede Situation, die ihn als handelnden Menschen anfordert, ihrer Einmaligkeit gemäß zu reagieren ... Einen großen Charakter nenne ich den, der durch seine Handlungen und Haltung den Anspruch der Situation aus einer tiefen Bereitschaft zur Verantwortung seines ganzen Lebens erfüllt und so, daß sich in der Gesamtheit seiner Handlungen die Einheit seines verantwortungswilligen Wesens bekundet."

Die in E. Bethges Biographie „Dietrich Bonhoeffer" beschriebenen Stadien: Theologe, Christ, Zeitgenosse sind nicht als ein getrenntes Hintereinander, eine chronologische Folge zu verstehen, nicht als ob Dietrich den Christen hinter sich gelassen habe, als er „Zeitgenosse" wurde, sondern in dem Sinne, in dem jede weitere Lebensstufe die vorhergehende in sich aufgenommen hat. Als Zeitgenosse verwirklichte er Christentum, wurde er erst wirklich zum Christen, wenn man unter Christsein das Dasein für andere hier in der Welt, den Lebenseinsatz für die Sache Christi, versteht. Indem Dietrich, der einst dem Pazifismus nahestand, sich als Widerstandskämpfer in der Abwehr des Admirals Canaris gegen das Hitlerregime betätigte, das sein Vaterland mit Verbrechen belud und verriet, wollte er dem besseren Deutschland dienen: so scheute er auch eine übernationale Zusammenarbeit nicht und brachte im Sommer 1942 dem Bischof von Chichester die Pläne der Widerstandsbewegung für eine Neuordnung Deutschlands nach der Beseitigung Hitlers. Er nannte dem Bischof die Namen der Widerstandskämpfer: Beck, Hammerstein, Gördeler, Leuschner, Jakob Kaiser, Witzleben, Kluge, die bei dem Umsturz mitwirken würden.

Eberhard Bethge schreibt hierzu: „Solche Tat bleibt dekkungslos, sie muß bar aller Stützen, aller Geländer gewagt werden; aller Stützen, die ein Mensch sonst im Befehl oder im Beifall oder in der allgemeinen Meinung findet . . . Ein Volk ist im Grunde arm, wenn es nur seine erfolggekrönten Taten in seinem Kalender aufnehmen will."

Gewissen erweist sich in einem dem Erfolg gegenüber gleichgültigen Handeln. Wir dürfen hoffen, denn auch das Kreuz Christi von Golgatha steht vor uns als Symbol des erfolglosen Erfolges. Nach dem mißlungenen Attentat vom 20. Juli schrieb Dietrich aus der Gefängniszelle in Tegel, in der er nun schon eineinviertel Jahr in Einzelhaft gefangen gehalten worden war: „Ich habe in den letzten Jahren mehr und mehr die tiefe Diesseitigkeit des Christentums kennen und verstehen gelernt. Nicht ein homo religiosus, sondern ein Mensch schlechthin ist der Christ wie Jesus Mensch war. Nicht die platte banale Diesseitigkeit der Aufgeklärten, der Betriebsamen, der Bequemen oder der Lasziven, sondern die tiefe Diesseitigkeit, die voller Zucht ist, und in der die Erkenntnis des Todes und der Auferstehung immer gegenwärtig ist, meine ich . . . Heute sehe ich und erfahre es bis zur Stunde, daß man erst in der vollen Diesseitigkeit des Lebens glauben lernt, wenn man völlig darauf verzichtet hat, aus sich selbst etwas zu machen, sei es einen Heiligen oder einen bekehrten Sünder oder einen Kirchenmann, eine sogenannte priesterliche Gestalt, einen Gerechten oder einen Ungerechten, einen Kranken oder einen Gesunden, und dies nenne ich Diesseitigkeit, nämlich in der Fülle der Aufgaben, Fragen, Erfolge und Mißerfolge, Erfahrungen und Ratlosigkeit zu leben. Dann wirft man sich Gott ganz in die Arme, dann nimmt man nicht mehr die eigenen Leiden, sondern das Leiden

Gottes in der Welt ernst, dann wacht man mit Christus in Gethsemane. Und ich denke: das ist Glaube, das ist Metanoia. Und so wird man ein Mensch, ein Christ."

Im Januar 1943 verlobte sich Dietrich heimlich mit Maria von Wedemeyer, einer Tochter des Gutsherrn auf Pätzig und seiner Frau geb. von Kleist-Retzow. Ich begegnete ihr leider erst 1947 in Göttingen nach unserer Rückkehr. Dort studierte sie Mathematik. Sie beeindruckte mich als ein besonders schönes, warmherziges junges Mädchen, unverwüstlich, tüchtig und energisch.
Am 5. April 1943 war Dietrich zusammen mit unserem Schwager Hans von Dohnanyi verhaftet worden. Dietrich kam in das Wehrmachtsgefängnis nach Tegel in Einzelhaft. Aus dieser Zeit haben wir Briefe an die Eltern und an seinen Freund Eberhard Bethge. Die Briefe und Schriften aus dieser Zelle sind in dem Buch „Widerstand und Ergebung" gesammelt worden. Ein ihm wohlgesinnter Wächter schmuggelte sie heraus.
Dietrich verstand es, einen menschlichen Kontakt mit einigen Wächtern herzustellen. Einer wollte ihm sogar zur Flucht verhelfen. Durch die Verhaftung unseres Bruders Klaus wurde sie vereitelt, denn Dietrich fürchtete die Sippenhaft für die Verwandten, die schon in großer Gefahr waren. Wir wissen heute, was Dietrich vielen seiner Mitgefangenen gewesen ist. Er hat die Zeit in Tegel in konzentrierter Arbeit an seiner „Ethik" und im Kampf gegen seine Ankläger verbracht, und daß gerade „das Durchstehen eines solchen Grenzfalles mit aller seiner Problematik mein Auftrag sei", davon schrieb er fest überzeugt an seinen Freund.
Sein Bemühen, unsere Eltern immer wieder zu beruhigen, hat seinen Briefen den zuversichtlichen Ton gegeben. Wehleidig war er nie, und so wie er den Tersteegenvers gerne

gesungen hat: „Sollt wo ein Schwacher fallen, so greif der Stärkre zu, man trag, man helfe allen, man pflanze Lieb und Ruh", so wirkte er in seiner Gefangenschaft unter seinen Mitgefangenen in Tegel und im Kellergeschoß des SS-Gefängnisses Prinz-Albrecht-Straße, im Konzentrationslager Buchenwald und noch auf dem Wege zu dem Vernichtungslager Flossenbürg.
In den Morgenstunden des 9. April 1945 ist Dietrich in Flossenbürg von der Gestapo erhängt worden. Mit ihm wurden Admiral Canaris, Generalmajor Oster, Dr. Sack, Rechtsanwalt Strünck und Hauptmann Gehre hingerichtet.
„Rebellion gegen Tyrannen ist Gehorsam gegen Gott." Das hatte schon Thomas Jefferson gesagt.
Dietrich hat mit seinem Leben bezeugt, was er im Gefängnis niedergeschrieben hat:

Nicht das Beliebige,
sondern das Rechte tun und wagen,
nicht im Möglichen schweben,
das Wirkliche tapfer ergreifen —
nicht in der Flucht der Gedanken,
allein in der Tat ist die Freiheit.
Tritt aus ängstlichem Zögern heraus
in den Sturm des Geschehens,
nur von Gottes Gebot
und deinem Glauben getragen,
und die Freiheit
wird deinen Geist jauchzend empfangen.

Susanne

Susi, meine jüngste Schwester, 1909 geboren, kam dreieinhalb Jahre nach uns Zwillingen zur Welt, und wir bekamen bald die Aufgabe, sie in unsere Spiele einzubeziehen. Sie war eine höchst lebhafte, energische kleine Person mit schwarzem Haar und dunklen Augen. Sie spielte unglaublich intensiv, stellte alles auf den Kopf und räumte ungern auf. Ich sehe vieles sich schon in der Kindheit bei ihr entfalten, was sie als Pfarrfrau dann später gelebt hat. Mit 4 Jahren teilte sie ein Karo Schokolade in sieben Teile, und der letzte Empfänger bekam dann nur noch ihr Däumchen in den Mund gesteckt. Sie gewann sich bald ihre eigenen Freundinnen.

Ihr Kindergeburtstag, der meist in unserem Landhaus während der Ferien gefeiert wurde, brachte das halbe Dorf in Bewegung. Unter fünfzig Freundinnen und Freunden tat sie es nicht. Meine Eltern waren sehr dafür, daß wir mit den Dorfkindern bei uns spielten. Aber erst bekamen die

Kinder alle Wasser, Seife und Handtuch zum Händewaschen, bevor es zur Geburtstagsschokolade und zum Topfschlagen und Spielen ging. Solche Ausmaße nimmt heute noch die Geselligkeit bei Susi an, wenn sie ihre Gemeindekreise phantasievoll in sehr wenig pastoralen Parties bei sich versammelt.

Die Schule behandelte sie nebensächlich, was die Zensuren dann auch zeigten. Nur die Begegnungen mit den anderen Kindern waren ihr damals wichtig. Erst in späteren Jahren kam sie mehr zum Lesen. Sie hatte freilich auch ihre empfindsamen und weltschmerzlichen Zeiten, in denen sie sich unverstanden und nicht genügend anerkannt fühlte. Aber ihre starke Kontaktfähigkeit half ihr immer wieder auf.

Sie heiratete mit einundzwanzig Jahren den Privatdozenten für Kirchengeschichte, Pfarrer Walter Dreß, einen Studienfreund von Dietrich. Auch ihm wurde von den Nationalsozialisten die Lehrerlaubnis an der Berliner Universität entzogen. Suse hat mehrere jüdische Menschen versteckt und mit Nahrung und Kleidung versorgt. Noch heute bekommt sie dafür Dankesgrüße. Seit ihrem dritten Lebensjahr, abgesehen von einer kurzen Zeit in Dorpat, lebt sie in Berlin bis heute, und will Berlin auch nie verlassen. Sie bekam zwei Söhne, von denen der eine heute Universitätslehrer für Mathematik ist und der andere als Musiker in England lebt. Sie hat eine erstaunliche Arbeitskraft, ist immer für andere tätig in Anspruch genommen und wird von Menschen, die Sorgen haben und Hilfe brauchen, gesucht. In den Nachkriegsjahren war sie unermüdlich in der Fürsorge für die Flüchtlinge. Wenn ein Pflichtenkreis erfüllt ist, sieht sie schon einen neuen. Sie hat fast immer Lösungen für Kalamitäten und ist Pfarrfrau im rechten Sinne, keine märtyrerhafte, sondern eine heitere, unternehmungslustige, die durch ihren resoluten Lebensmut viele Menschen mitreißt.

ERINNERUNGEN
AN DIE ZEIT VON 1924–1938

Hochzeit

Im Jahre 1924 verlobte ich mich mit Gerhard Leibholz. Damals war es in unserer Welt noch nicht Sitte, vor der Verlobung allein mit einem jungen Mann auszugehen, man sah sich von weitem, hatte vielleicht auch mal ein Gespräch, wenn die Freunde der Brüder ins Haus kamen. Meist aber gingen die Jungen zum Arbeiten und zum Diskutieren mit ihren Freunden auf ihre Zimmer, wo man sich als Mädchen nicht dazu begab. Ich entsinne mich auch, daß Mama zu meiner sechzehnjährigen Schwester Christel sagte: „Übrigens Kind, wenn Hans dir wieder zur Überraschung Blumen hinstellen will, so darf er sie nicht einfach hinauf in dein Zimmer bringen. Das geht nicht; es könnten ja Strümpfe oder Kleidung von dir herumliegen! Er soll sie bei Fräulein Emma abgeben." Auf Einladungen und Bällen, die meine Eltern oft gaben, auf Spaziergängen und Ausflügen mit unseren Brüdern, ihren Freunden und unseren Freundinnen kam es eher zu einer Unterhaltung und zum Kennenlernen. Immerhin nannten wir uns bis zu der Stunde, in der wir uns verlobten, noch „Fräulein Bonhoeffer" und „Herr Leibholz". Nach der öffentlichen Verlobung durfte man miteinander allein spazierengehen und auch

in Theater oder Konzerte. Aber auch dann wäre es undenkbar gewesen, allein zusammen zu verreisen.
Mütterlicherseits stammte mein Mann, Gerhard Leibholz, aus einer badischen Industriellenfamilie. Er war in sehr behaglichen Verhältnissen aufgewachsen. Leider habe ich die Mutter meines Mannes nicht mehr kennengelernt. Sie soll groß und stattlich, offenbar naiv und sehr liebenswürdig gewesen sein, aber sie war kein ganz gesunder Mensch. Sie hatte drei Söhne. Als im Jahre 1922 die Grippe umging, der so viele Menschen zum Opfer fielen, war auch sie nicht mehr zu retten. Mit meinem Mann hatte sie ein besonders nahes Verhältnis gehabt, und es war unendlich schwer für ihn, sie zu verlieren.
Väterlicherseits kam die Familie aus Bärwalde in Pommern. Gerts Vater hatte Tuchfabriken in Lichtenberg bei Berlin und in Forst, später in Sommerfeld. Er war erst Stadtverordneter und dann Stadtrat von Berlin-Wilmersdorf und kümmerte sich mit Liebe um kommunale Angelegenheiten, richtete auch Schulspeisungen auf eigene Kosten ein. Er bewohnte sein Haus am Kurfürstendamm in Berlin, und später erwarb er dann im Grunewald am Königssee ein schönes, sehr großes Haus. Mein Schwiegervater, William Leibholz, war groß, etwas behäbig, doch dabei sehr aufrecht in seiner Haltung und stets sehr gepflegt. Er hatte viel common sense und kaufmännische Begabung, war dagegen in anderen Dingen wieder etwas primitiv. Er war ein warmherziger, fürsorgender Vater, Schwiegervater und Großvater und weise genug, jeden der Söhne beruflich den Weg gehen zu lassen, den er für sich selbst als richtig erkannte. Von meinem Mann erzählte er mir gern eine Kindergeschichte, die ihn gerührt hatte: der dreijährige Gert geht im Zoologischen Garten verloren, das entsetzte Kinderfräulein läßt ihn „ausklingeln", die Brüder brüllen seinen Namen, dabei macht sich Gert — zu Hause nur

„Dummerchen" genannt, sein ältester Bruder ist äußerst intelligent — ganz selbständig auf den Heimweg; über den Bahnhof Zoologischer Garten steuert er zielbewußt auf sein Elternhaus, damals in der Joachimsthaler Straße, zu. Er entsinnt sich heute noch der verwunderten Fragen einiger Passanten: „Na Kleiner, wo willst denn du hin, wo ist denn deine Mutti?" Er geht weiter, singt ein wenig, schließlich stampft er die Treppe hinauf, erreicht gerade die Klingel, und als seine gute Mutter ihn in die Arme nehmen will, sagt er: „Bin nicht dumm, bin auch klug."

Als Sechsjähriger war Gert Militarist. Zum siebten Geburtstag wünschte er sich Bleisoldaten. Aber einmal, als die gute Pusch ins Kinderzimmer kommt, sieht sie, daß alle seine Soldaten im Kreise des Tisches ausgelegt sind, und sämtlichen Soldaten hatte Gert den Kopf abgedreht und danebengelegt. Auf die entsetzte Frage der Erzieherin: „Gert, was hast du gemacht?" antwortete er: „Aber Pusch, es ist doch Totensonntag!" Gert weiß leider nicht mehr, was damals in seinem Kopf vorging. Bald darauf war er dann sehr ärgerlich und versuchte mit verschiedenen Klebearten, die Köpfe wieder festzubekommen, was ihm aber nicht gelang. Nun hatte er den Bleisoldaten die Namen großer Feldherren gegeben. Dadurch meinte er, verbiete es sich, die Soldaten fortzuwerfen. Mit seinen Brüdern zusammen hat Gert dann die Sache sehr militärisch gelöst, indem sie die enthaupteten Soldaten in kleine Kästen mit Blumen steckten, und auf den Spaziergängen im Grunewald beerdigte Gert jedesmal ein Schächtelchen und legte einen Ehrenfriedhof an, den er immer wieder besuchte.

Gert erzählt von sich selbst, daß er bis zu seinem fünfzehnten Lebensjahr fest daran geglaubt habe, daß alle Menschen gut seien, besonders gut alle Verwandten, aber wohl überhaupt: Menschen waren gut. Als seine Mutter einmal eine kritische Bemerkung über eine Verwandte machte, fiel er aus allen Wolken, war hochbetrübt, und danach fing er zum erstenmal an, sich darüber Gedanken zu machen, daß Menschen in seinem Umkreis vielleicht nicht gut sein könnten.

Während der Konfirmandenstunde befreundete Gert sich mit Hans von Dohnanyi und war später ein Studienfreund meines Bruders Klaus. Meine Eltern mochten Gert menschlich besonders gern, sein offenes Wesen, seine Klugheit und geistige Interessiertheit, die mit einer gewissen Naivität gepaart war, sie schätzten besonders auch seine Bescheidenheit. Ich hatte einmal gehört, wie mein Vater zu meinen Brüdern sagte: „Von euren jungen Leuten, die jetzt so ins Haus kommen, unterhalte ich mich eigentlich mit dem jungen Leibholz am liebsten. Er ist gescheit und ist bescheiden."

Meine Eltern waren dennoch gar nicht Feuer und Flamme, als ich ihnen erzählte, daß wir uns verlobt hatten. Gert war erst 22 Jahre und ich achtzehn Jahre alt. „Was machst denn du für Geschichten?" sagte mein Vater, und meine Mutter meinte: „Ach, Kind, du hättest es soviel leichter haben können, du wirst eine schwere Zeit haben. Gert wird vielleicht beruflich nicht so weiterkommen, wie er es verdient, das ist dann sehr schwer für eine Frau mitanzusehen. Sieh, Papa möchte seit langem für Herrn X. — er ist auch jüdischer Abstammung wie Gert — einen Lehrstuhl. Es ist einfach nicht möglich gewesen, das durchzusetzen in allen diesen Jahren. Dabei ist er hervorragend tüchtig. Ihr seid auch noch furchtbar jung ..."

Kurzum, wir mußten noch mit unserer Heirat warten. Mein Vater erlaubte seinen Töchtern eine Ehe nicht unter zwanzig Jahren. Die Verlobungszeit brauche man, um sich besser kennenzulernen. Mein Mann schrieb während unserer Verlobungszeit sein zweites Buch über „Die Gleichheit vor dem Gesetz". Sein erstes Buch „Fichte und der demokratische Gedanke", mit dem er sich mit neunzehn Jahren seinen Dr. phil. erworben hatte, lag damals schon vor. Seine 1925 erschienene juristische Doktorarbeit über die „Gleichheit" befaßte sich mit dem Problem, das in der zweiten Hälfte der zwanziger Jahre bis zum Einbruch des Nationalsozialismus leidenschaftlich diskutiert wurde und das für das damalige Verfassungsrecht bedeutsame Problem der „Allmacht" des Gesetzgebers zur Debatte stellte. Die in diesem Buch erörterten Fragen spielten in der Rechtsprechung nach dem Zweiten Weltkrieg noch eine erhebliche Rolle. Die damals niedergelegten Auffassungen sind in der heutigen Rechtsprechung allgemein anerkannt. Das Buch selbst ist nach vierunddreißig Jahren im wesentlichen unverändert noch einmal neu aufgelegt worden.

1926, als wir heirateten, hatte ich keine abgeschlossene Berufsausbildung. Meiner Freude am Zeichnen entsprechend hatte ich eine Kunstgewerbeschule besucht, während mein Mann mit seinen vierundzwanzig Jahren schon seine beiden Doktortitel und seinen Assessor hatte. Aber er verdiente nur RM 390,—, und wir hätten unser Leben, unsere Viereinhalb-Zimmerwohnung, die allein schon RM 6000,— Abstand kostete und die Miete von RM 225,— monatlich, nicht bestreiten können, wenn nicht Gerts Vater uns etwas dazugelegt hätte. Das Bild in den jungen Ehen meiner drei Schwestern war dasselbe. Meine Eltern mußten ihnen finanziell helfen. Sie sahen es auch nicht gern, daß wir ohne Haushaltshilfe heirateten, das war damals noch nicht üblich.

Am 31. März 1926 hatte Gert das Assessorexamen bestanden. Am 6. April feierten wir in großem Kreis unsere Hochzeit und fuhren nach Lugano.

Eine große Hochzeit feierte man damals fast drei Tage lang. Der Tag vor unserem Polterabend stand unter dem Eindruck der Anreise unserer Hochzeitsgäste, und der Morgen des Polterabends war schon voller Vorfreude und mit den letzten Vorbereitungen und Proben angefüllt, aber wir als Brautpaar wurden nicht damit belastet. Für uns sollte alles Überraschung bleiben.

Zum Polterabend um sechs Uhr nachmittags fanden sich ungefähr sechzig frohe, festlich gekleidete, geladene Gäste aller Generationen ein. Die Herren trugen Smoking und die Damen Abendkleider. Nach der Begrüßung setzte man sich, und Barbara Kempner, geb. Hildebrandt und die Pianistin Frau von Dohnanyi spielten die „Frühlingssonate" von Beethoven, die ich mir gewünscht hatte. Nach einer Zeit der Unterhaltung wurde dann von meiner jüngeren Schwester und meinem Bruder Dietrich das von Max Bierbaum gedichtete Biedermeier-Tanz-Singspiel „Ringel-Reihe-Rosenkranz, ich tanz mit meiner Frau" vorgetanzt. Das war reizend und erntete großen Applaus. Inzwischen war das stattliche Buffet angerichtet worden, und wir gingen zu Tisch. Nach dem Essen standen zwei bekränzte goldene Stühle in der Mitte des Parketts, auf die wir uns setzen mußten. Vom Flügel klang jetzt das „Wir winden dir den Jungfernkranz", als sich die Tür öffnete und die Brautjungfern mit Kränzen im Haar hereintanzten. Sie trugen eine grüne Girlande mit veilchenblauen Seidenbändern umwunden, schlossen um uns damit den Kreis und tanzten um uns herum, während sie das „Wir winden dir den Jungfernkranz" sangen, und die Verse aus dem Freischütz einzeln vortrugen. Der Vers: „Lavendel, Myrth' und Thymian, das wächst in unserm Garten, wie lang bleibt denn der Freiersmann, ich kann es kaum erwarten", löste große Freude aus.

Die bebänderte, grüne Girlande legten die Brautjungfern uns zu Füßen, und mit einem roten Rosenkranz in der Hand trat nun meine jüngste Schwester vor. Sie sprach einige Verse, die meine Großmutter für den Polterabend meiner

Mutter einst gedichtet hatte und setzte mir den Rosenkranz auf.
Sehr witzig hatten meine Geschwister und Freunde eine sogenannte Hobelbank gedichtet, und sie wurde auf Opernmelodien von den Brüdern vorgesungen, und es wurden eigens dazu gemalte Bilder dabei vorgezeigt. Ein Kapelle oder ein Radio zum Tanz gab es bei uns noch nicht, aber einen sehr guten Klaviermusikanten, der zum Tanz aufspielte und mit einem Straußschen Walzer begann. Hin und wieder ergriff mein Schwager, Rüdiger Schleicher, seine Geige und brachte noch mehr Schwung hinein. Gert und ich eröffneten den Tanz. Dann tanzten die Eltern allein einen Walzer zum Beifallklatschen der Gäste, darauf forderte mein Schwiegervater mich zum Tanz auf, und danach tanzte schließlich die ganze Gesellschaft. Plötzlich drang vom Treppenhaus Radau und Geklapper und Klirren von Scherben herein. Tassen, Teller, Gläser, Schüsseln schleuderte unsere alte Köchin Anna mit Vehemenz auf den Boden, und die Hausmädchen halfen mit. Viel Scherben! Viel Glück! Als das Geprassel gar kein Ende nehmen wollte, mußte meine Mutter schließlich abwinken. Der Polterabend endete kurz vor Mitternacht.
Am Hochzeitsmorgen, bald nach sieben Uhr, hörte ich vor meiner Schlafzimmertür viele kurze Schritte, eiliges Umhergehusche und schließlich das Einstimmen zum Gesang. Nun erklang laut und feierlich das Lied „Lobe den Herren, den mächtigen König der Ehren", unüberhörbar war Gerts Singen, die kräftige Stimme meiner Mutter, die der Brüder und Schwestern, Schwäger und Freunde des Hauses. Danach kam meine Mutter kurz zu mir ins Zimmer. Zum Frühstück wurden schon mein Schwiegervater und meine Schwäger erwartet, und es war eine festliche Frühstückstafel gedeckt. Diese Morgenstunde war sehr stimmungsvoll. Nach dem Frühstück gingen wir alle in den Salon, wo

Dietrich uns den „Hochzeitstag auf Trollhagen" von Edvard Grieg spielte. Danach setzten Gert und ich uns auf ein Sofa nebeneinander, und der Kreis der Verwandten hatte rundherum Platz genommen, als meine Schwester Christel mit meinem Brautkranz auf einem weißen Seidenkissen dazu trat und mir nun das Hochzeitsgedicht aufsagte, das auch meine Großmutter gedichtet hatte:

„Zum Hochzeitstage bringe ich den Kranz der Weihe,
dir Schwester Braut!
Mein Herz ist tief bewegt,
da es dir heute das Sinnbild reiner Treue,
den Myrthenkranz in deine Hände legt.
Ich fühle mit dir deines Herzens Schlagen,
ich stimme ein in deines Herzens Dank,
ich bitte Gott, daß er auch fernerhin dein Leben
gestalten mög zu einem Segensgang.
Ja, wo die Lieb zwei Herzen bindet,
da wird der Weg des Lebens hell und leicht,
eines im andern Mut und Freude findet,
eines dem andern Trost und Hilfe reicht.
So zieht mit Gott hinein ins neue Leben,
die Myrthe welkt, die Lieb hält ewig aus;
und muß ich dich auch von mir ziehen lassen,
Gott segne dir dein Glück, dein Haus.
Wenn bald die Hochzeitsglocken klingen
das alte Lied von Treue bis zum Tod,
so glaub's, daß unsere Wünsche dich umschlingen
in dem Gebete: Ziehet hin mit Gott!"

Meine Schwester Christel produzierte sich nur ungern, und sie mußte sich dies Aufsagen sehr abfordern. Aber sie war nach der Tradition „dran" und sprach nun die Verse ganz einfach, und so war es gut.

Diese Gedichte machten damals auch nicht den Anspruch auf ein Kunstprodukt. Man gab sie weiter, weil sie schon die Gedanken der Großmutter für das gesegnete Leben unserer Mutter ausgedrückt hatten und sie unserer Mutter lieb waren; und weil diese Wünsche doch wohl immer dieselben bleiben, ob auch der Zeitgeschmack sie in andere Formen kleiden mag.

Inzwischen war der Morgen vorüber, und es war Zeit, zum Standesamt zu gehen. Mein Vater und mein Schwiegervater begleiteten uns als Trauzeugen. Wir gingen zu Fuß, und mein Vater genoß den Spaziergang. Es war ein sonniger aber noch kühler Apriltag. Als wir heimkamen, empfing meine Mutter mich und Gert mit einem Kuß. Es gab bei uns nur bei ganz besonderen Gelegenheiten Küsse von den Eltern. Sie sind durchaus zu zählen.

Oben vor dem Toilettentisch meiner Mutter wartete schon der alte Friseur, der mir später nach Mamas Anweisung Kranz und Schleier aufstecken sollte. Nachdem alles soweit war, und ich das Brautkleid anhatte und die Schwestern und Hausmädchen um mich herumgeschwirrt waren, und auch meine Tante Rat gegeben hatte, wie der Schleier am schönsten fiele, fehlte plötzlich der Brautkranz — allgemeines eiliges Suchen — bis er sich am Spitzenschal meiner Tante hängend fand! Als man endlich mit mir zufrieden war, ging ich vorsichtig mit meinem „Gefolge" die Treppe hinab und sah unten schon meinen Mann und meinen Vater warten. Gert hatte sich inzwischen auch seinen Frack angezogen und gab mir meinen Hochzeitsstrauß. Auch die Brautjungfern und Brautführer waren nun festlich unten versammelt. Vor der Gartentür war inzwischen die Brautkutsche vorgefahren und auch die Wagen für die Familienmitglieder und die Hochzeitsgäste. Wir bestiegen die mit weißer Seide ausgeschlagene Hochzeitskutsche, die zwei hübsche Schimmel zogen, während die Verwandten und Gäste an uns vorbei zur Grunewald-Kirche fuhren, damit sie uns dort empfangen und sich schon für den Hoch-

zeitszug gruppieren konnten. Bald nach unserer Ankunft erschien Pfarrer Priebe, der uns beide auch konfirmiert hatte. Gert und ich hatten Pfarrer Priebe zuvor noch besucht, und ich hatte uns den Vers ausgesucht „Schaffe in mir, Gott, ein reines Herze und gib mir einen neuen gewissen Geist; tröste mich wieder mit deiner Hilfe, und mit einem freudigen Geist rüste mich aus". Pfarrer Priebe war nicht ganz einverstanden mit meiner Auswahl und meinte, er habe hierüber noch nie zu einer Hochzeit gepredigt. Aber er willigte dann ein. Wir sangen „Gott ist gegenwärtig" und „Jesu geh voran". Auch das „Wo du hingehst, da will auch ich hingehen" fehlte nicht.
Um drei Uhr waren wir alle wieder im Hause versammelt, wo uns die blumengeschmückte Hochzeitstafel erwartete. Mein Vater, mein Bruder Dietrich, ein Vetter, Freunde und Pfarrer Priebe sprachen. Auch einige andere Gäste hielten Reden, und es wurde auf uns angestoßen.
Auch nachdem Gert und ich am Spätnachmittag in Richtung Lugano abgereist waren, blieb die Hochzeitsgesellschaft noch bis in den späten Abend zusammen, und am kommenden Morgen traf sich die Jugend dann noch einmal zu einem Spaziergang im Grunewald. Damit waren die Hochzeitsfeierlichkeiten vorüber.

Mein Mann und ich verbrachten die ersten Ehejahre 1926 bis 1929 noch in Berlin, und unser Freundes- und Familienkreis wuchs. Am 30. 6. 1927 wurde uns unser erstes Kind, ein Mädchen, geboren. In meinem Elternhaus wurde es „Marianne" getauft. Dies war wieder ein wunderschönes Familienfest. Mein Zwillingsbruder Dietrich war Pate.
Jetzt wurde die Wohnung schon zu eng, und ich entsinne mich noch, wie die alte energische, ostpreußische Wochenschwester den Balkon, auf dem Gert immer gern gearbeitet hatte, voller Windeln hängte und auf seine Frage, ob diese

nicht woanders Platz fänden, brummelte: „Herr Doktor, wer A sagt, muß auch B sagen!" Erst nach einer längeren Diskussion, die ich mit der Schwester über den Vorrang von Windeln und gesundem Arbeitsplatz für das Familienoberhaupt führte, geruhte sie, den Windeln den zweiten Rang einzuräumen.

Mein Mann war jetzt beim Amtsgericht-Mitte Richter, aber bald bot ihm Professor Bruns im „Institut für ausländisches öffentliches Recht und Völkerrecht" eine Referentenstelle an, und er übernahm das italienische Referat. Hier gab dieses Referat den Anstoß zu dem dritten Buche, das mein Mann 1928 herausbrachte „Zu den Problemen des faschistischen Verfassungsrechts". Er hielt auch darüber seine Antrittsvorlesung an der Universität. Gert habilitierte sich an der Berliner Universität im Jahre 1928.

Die ersten Berufsjahre in Greifswald

1929 erging der erste Ruf an meinen Mann. Man bot ihm den Lehrstuhl für Staatsrecht an der Universität Greifswald an. Er war damals erst 28 Jahre, und es bedeutete für uns das Scheiden von Berlin, in dem wir aufgewachsen waren und in dem unsere Elternhäuser standen. Aber es war der Anfang der akademischen Laufbahn, und kein Zweifel über die Annahme des Rufes kam auf.
Die Fahrt nach Pommern über die Stationen Pasewalk, Anklam, wo sich auf dem Perron keine Menschenseele zeigte, und eine mir beinahe unheimliche Stille uns umfing, ist mir noch sehr erinnerlich.
Ganz verschlafen wirkte das Städtchen Greifswald auf uns, als wir von der Bahn zum „Preußenhof" fuhren, wo uns der Wirt rührenderweise das „Fürstenzimmer" reserviert hatte. Ein großer, runder Tisch, an dem sich sonst die Honoratioren der Stadt versammelten und wir später oft mit

Kollegen speisten, bildete den Mittelpunkt des Gästezimmers. An einzelnen kleinen Tischchen saßen einige stumme Grogtrinker. Draußen fiel der Schnee, drinnen war es überheizt und unwahrscheinlich still und ausruhsam. Man wagte kaum, das Schweigen zu unterbrechen. Wir kamen uns verzaubert vor. Nach einem guten Gänsebraten und einem Grog stampften wir dann noch durch die verschneiten Straßen des alten „Gryps". Da lag der schöne Markt mit seinen gotischen Profilen, dahinter massig die „Dicke Marie", die Backsteingotikkirche.

Wir zogen in ein kleines Neubauhaus mit einem Garten am Ende der Stadt, wo die Straße zur alten Klosterruine Eldena führte und zum Bodden hinaus, wo man schwimmen konnte. Von der See her blies immer ein sehr frischer, scharfer Wind, aber das war abhärtend, und wir waren hier selten krank.

Das Schönste war die Nähe der Felder. Wenn man nach Tisch hinaustrat, lagen sie besonnt und wogend vor uns, und wir schlenderten dann den schmalen Feldrain entlang und genossen den Wind und den Duft des Korns, und ich holte mir manchen Mohn- und Kornblumenstrauß.

In diese Sommerfreuden fiel ein Brief Dietrichs aus der Berliner Studierstube:

BERLIN, 29. JUNI 1930

Liebe Sabine, lieber Gert,

der Gedanke an den morgigen Geburtstag von Mariannchen bringt mir wieder die hübschen Tage in Erinnerung, die ich neulich bei Euch sein konnte. Gern wäre ich ja mit dem Schwiegervater mitgefahren, um sich wiederzusehen und den Tag mit Euch zu feiern. Aber laßt Euch von mir herzlich gratulieren und viel Gutes wünschen. So bei den ersten Geburtstagen denkt man eigentlich mehr an die

Eltern, die ja gute Wünsche mehr zu würdigen wissen als die eigentlich Betroffenen. Sagt aber auch Mariannchen bitte viele Grüße von mir. Ich wollte ihr gern noch etwas mitschicken, aber es kam nicht mehr dazu, und ich denke, sie wird es mir nicht nachtragen. — Ich habe noch vierzehn Tage Arbeit, dann bin ich, wenn alles gut geht, mit allem, das heißt mit dem zweiten Examen und der Probevorlesung, fertig. Obwohl ich mir eigentlich vorgenommen hatte, kaum etwas für das Examen zu arbeiten, kann ich mich dazu doch nicht entschließen, und so ist der ganze Tag ausgefüllt und immer schnell vorbei. — Gestern war bei uns Gesellschaft, Triepel hat dermaßen viel und Onkel Rudi offenbar dermaßen unpassende Witze erzählt, daß die Unterhaltung sehr gut war. — Eben höre ich durch mein offenes Fenster bei Weigerts Tanzmusik, im Garten gehen einsame Paare — wie vor alten Zeiten! — Und ich sehne mich nach nichts mehr als mitzutanzen! — Mama ist mit Suse ziemlich in Betrieb gesetzt, wenn nur mal etwas Ruhe ins Haus käme! Daran fehlt es bei Euch ja nicht; und Ihr ahnt, was für etwas Wunderbares das ist.
Lebt wohl, grüßt Mariannchen. Mit vielen herzlichen Wünschen denkt morgen an Euch

Euer Dietrich

Im Dezember 1930 wurde uns unsere zweite Tochter, Christiane, geboren. Meine Mutter hatte mir auf alle Fälle schon eine erprobte Wochenpflegerin vorausgeschickt und wollte dann mit meinem Vater auf Abruf im Auto nach Greifswald kommen, und die Hebamme, die mich schon entbunden hatte und der sie vertraute, mitbringen.
Auch Dietrich dachte an mich und schrieb mir aus New York:

NEW YORK, 7. NOVEMBER 1930

Liebe Sabine,

Dein Brief hat mich sehr gefreut. Hab vielen herzlichen Dank dafür. Es ist immer sehr schön, wenn morgens im Briefkasten etwas aus Deutschland steckt. Du bist nun schon in Vorbereitung für das Geschwisterchen. Du meinst, Anfang Dezember. Ich denke jedenfalls schon jetzt jeden Tag mehrmals zu Euch übers Wasser hinüber mit vielen guten Wünschen. Ihr laßt es mich doch natürlich gleich wissen? — Hier ist es jetzt ziemlich winterlich geworden, wenn auch nicht fünfunddreißig Grad unter Null, wie Eure Zeitung sagt, so doch ungefähr fünfunddreißig Grad Fahrenheit, das heißt, etwa Null Grad bei uns. Dabei ist der Himmel herrlich blau, aber ein ziemlich rauher Wind. So ist keine Zeit zum Herausgehen, ich hätte auch sonst kaum Zeit dafür. Ich muß jetzt dauernd und bei den verschiedensten Gelegenheiten Reden und Ansprachen halten, übermorgen englisch predigen und in der nächsten Woche vor tausend Schulkindern über Deutschland reden. Man hat hier ziemlich stark das Gefühl, Exponent zu sein, und das ist ja nicht durchaus angenehm. — Das Leben im Seminar ist doch eigentlich sehr nett und nützlich. Ehe man all die dreihundert Leute kennengelernt hat, ist ein Jahr schon um. Nur ist es meist so, daß bei den Unterhaltungen nicht sehr viel herauskommt. Man hat immer das Gefühl, man redet mit Primanern. Es gibt natürlich auch ein paar andere, besonders aber unter den Negern und den ostasiatischen Studenten findet man interessante Leute, und man hat ja dafür hier die günstige Gelegenheit, Leute aus allen nur denkbaren Ländern kennenzulernen. Hier im Seminar sind über vierzig Ausländer; uns gegenüber liegt das „Internationale Studentenhaus“, wo wir neulich abends siebenundneunzig verschiedene Nationen zusammen waren.

– Ende November macht das Seminar eine Woche Ferien. Da werde ich mit einem Negerstudenten von hier nach Washington fahren. Ich muß schließen, weil ich zu einer Einladung muß; ich wünsche Euch alles denkbar Gute für die nächsten Wochen.
Dir, Gert und Mariannchen einen herzlichen Gruß von
Eurem Dietrich

Als Gert morgens meine Eltern anrief, setzten sie sich mit der Hebamme in den Wagen, doch unterwegs gab es eine Panne, und meine arme Mutter war verzweifelt. Sie trafen erst am späten Nachmittag ein. Papa zog sofort die Uhr, um den Wehenabstand festzustellen, und meinte lächelnd „du hast noch Zeit", was mich im Augenblick wenig freute. Aber ich war nun völlig beruhigt, weil er da war, und mein Vater hatte recht gehabt. Erst nach Mitternacht kam Christiane zur Welt. Ich habe es heute noch in den Ohren, wie die Hebamme „Mädele" schrie. Sie war eine Süddeutsche und meinte, „das wird eine Schöne". Und wir fanden unsere Christiane auch schon hübsch. In meinem Zimmer stießen meine Eltern mit Gert, dem Gynäkologen, der Hebamme und der Wochenschwester mit einem Glas Sekt auf Christianes und mein Wohl an. Gleich ging ein Telegramm an Dietrich ab, der in den USA schon darauf wartete.
Überraschend schnell traf Dietrichs Glückwunschtelegramm ein und etwas später ein langer, lieber Brief von ihm. Von einer Reise nach Florida schickte er mir eine Bildkarte:

ST. AUGUSTA, 15. DEZEMBER 1930

Liebe Sabine,

einen solchen Zweig (mit Orangen) möchte ich Dir am liebsten ins Zimmer stellen, dann würdest Du schon nur vom Ansehen schnell gesund werden. Nun mußt Du nur vom Bild her schließen, wie herrlich es ist, daß ich das hier in Wirklichkeit alles sehen darf. Vom Winter in New York bin ich mitten in den Sommer gefahren. Heut habe ich ein paar Stunden in der Sonne im Palmenwald gelegen. Es ist phantastisch schön. Alles Gute. Schade, daß wir so etwas nicht mal zusammen erleben können! Morgen geht's noch südlicher.

Herzliche Grüße Dein Dietrich

Beruflich war Gert nicht überlastet, die Vorlesungen, die Studenten im Seminar machten ihm Freude, er hatte Zeit zur wissenschaftlichen Arbeit, und es war eine behagliche Zeit. Er schenkte mir damals einen sehr schönen bequemen Stuhl, den er neben seinen Schreibtisch stellte; hier sollte ich mit einem Buch oder einer Näherei bei ihm sitzen, das mochte er, und auch ich fand das gemütlich, wenn ich auch oft hinausschauen mußte, weil die Töchter ja noch klein waren und mich viel brauchten, da das Kindermädchen sehr jung war.

Nach und nach lernten wir die Greifswalder Fakultätskollegen, Theologen und Mediziner, und ihre Frauen persönlich kennen. Die Atmosphäre an der Universität war nett und harmonisch.

Man fuhr auch zum Bodden hinaus. Wir spürten seine Nähe bereits am Fischgeruch in dem alten Autobus, der die Fischerfrauen mit ihren Körben nach Greifswald hinein- und herausbrachte. Selbst die Hühnereier schmeckten oft nach Fisch. Man aß gern „Aal grün" mit den Kollegen und

ihren Frauen im Fischerdörfchen Gristow. Ich entsinne mich, daß ein uns befreundeter Kollege, der sich offenbar sehr auf seinen Aal verspitzt hatte und die allgemeine „Aal grün" Bestellung für unvorteilhaft hielt, dem Kellner zurief: „Bitte getrennt anrichten!" Das amüsierte uns sehr.
Nachbarlich waren wir links von dem Mediziner Hürthle, dessen Vater in Breslau Kollege meines Vaters gewesen war, und den ich daher kannte, rechts von dem Mathematiker Kneser und seiner klugen, netten Frau eingerahmt. Auch sein Vater war schon Breslauer Professor und der Familie Bonhoeffer vertraut gewesen. Unter den Theologen trafen wir Jeremias, der dann wie mein Mann bald nach Göttingen berufen wurde. Auch dem klugen, sympathischen katholischen Pfarrer Wachsmann begegneten wir und schätzten ihn sehr. Er nahm sich damals der polnischen Landarbeiter, die im Sommer zur Feldarbeit herüberkamen und manche Schwierigkeiten hatten, an. Er hat später nach dem 20. Juli 1944 seinen Einsatz im Widerstand gegen Hitler mit dem Leben bezahlt. Ein Sohn des Malers Steinhausen, der Professor der Medizin war, hatte in seinem Hause noch die schönen Bilder seines Vaters hängen und schenkte mir für unsere Töchter das reizende Aschenputtelbuch seines Vaters. Es waren viele, viele neue Menschen. An einige haben wir in unserem Leben oft und gerne zurückgedacht. Unsere Kinder gediehen gut unter dem großen weiten Himmel, der sich dauernd veränderte. Es war ein Vergnügen, die Wolken mit ihnen zu betrachten, wenn wir am Ryck entlang spazierengingen.
Aber auch von den heraufziehenden politischen Gewitterwolken bekamen wir leider schon etwas zu spüren. Wir hatten 4,4 Millionen Arbeitslose. Die Reichstagswahl im September 1930 hatte ein Anwachsen der NSDAP-Mandate von zwölf auf über hundert gebracht. In Pommern konnte man in politischer Richtung schon 1930/31 manches

hören und erleben. Wir wollten zum Beispiel einen Bekannten besuchen, und als wir durch das Gartentor traten, harkte dort ein Mann in einer uns unbekannten Uniform mit hohen Stiefeln das Laub zusammen. Entgegen sprang uns das jüngste fünfjährige, flachshaarige Söhnchen unseres Bekannten, und ich fragte: „Wer ist denn dieser Mann, hat er nicht eine Tropenuniform an?" Breit grinsend lachte der Junge: „Weißt du nicht, was ein SA-Mann ist?" Ich wußte es nicht, noch nicht. Ermuntert durch meine Unwissenheit, fragte er: „Kennst du das Horst-Wessel-Lied?"

Nein, ich kannte es nicht, noch nicht, und mit einem lispelnden Ton, denn er stand gerade im Zahnwechsel, und seine obere Zahnreihe zeigte eine breite Lücke, sang er uns alle Verse dieses schrecklichen Liedes vor.

Eine andere sehr häßliche Situation bereitete uns eine SA-Gruppe auf dem Marktplatz von Stralsund. Mein Schwiegervater hatte uns in Greifswald besucht und war mit uns und seinem Chauffeur in seinem großen Horchwagen spazierengefahren. Er hatte fast nie Zeit dazu, und wir hatten uns alle auf diesen Ausflug nach Stralsund gefreut. Auf dem Marktplatz drängte sich die SA frech an die Scheiben und rempelte seinen sehr langsam fahrenden Wagen an. Einige Kerle klopften an die Scheiben und nahmen eine ziemlich drohende Haltung ein, die sich gegen meinen Schwiegervater richtete. Ganz schnell nahm ich unser vierjähriges, damals hellblondes und blauäugiges Mariannchen von meinem Schoß und setzte es dem Großvater aufs Knie. Damit war die Situation gerettet, und wir konnten ungestört weiterfahren, aber der Schock blieb, und wir sahen schwarz in die Zukunft.

Dietrich war noch immer in den USA und schrieb mir von seinen Zukunftsplänen:

NEW YORK, DEN 21. JANUAR 1931

Liebe Sabine.

Schade, daß die Schiffe gerade zu so schlechten Zeiten abgehen, morgen eines, das schon am 28. in Deutschland ist, und dann erst wieder am 28. Und da würdest Du den Brief erst am 6. 2. bekommen. So bekommst Du den Geburtstagsbrief zu einer Zeit, wo Du vielleicht noch gar nicht recht an deinen Geburtstag denkst. — Leider kann ich das, was ich mir als Geschenk für Dich ausgedacht habe, noch nicht bekommen, ich konnte wegen der Grippe längere Zeit nicht in die Stadt, ich hoffe, ich kriege es mit dem nächsten Schiff fort, wenn man's überhaupt schicken kann. Aber bitte, sei ja nicht etwa gespannt, es ist überhaupt nichts Besonderes! — Es kommt mir ganz unheimlich vor, daß wir nun wirklich schon fünfundzwanzig werden. Und komischerweise kann ich es mir bei Dir noch weniger vorstellen als bei mir. Ich habe mich eben bei mir selbst so allmählich damit abgefunden, aber Du fungierst in meinem Unterbewußtsein noch immer als zwanzig, wohl weil wir seitdem nicht mehr zusammengelebt haben. Dabei kann ich mich ja wirklich nicht darüber hinwegtäuschen, daß Du schon ganz andere Leistungen hinter Dir hast; wenn ich mir dächte, ich wäre seit über fünf Jahren verheiratet, hätte zwei Kinder, ein eigenes Häuschen, nun, dann würde ich auch mit einem Gefühl des vollen Rechts fünfundzwanzig werden. —

Dies nächste Jahr wird ja für Euch alle wieder ein ganz besonders schönes werden, wo Ihr wieder ein ganz Kleines im Haus habt. Ich wünsche es Dir und Euch sehr, daß Ihr dieses Jahr in derselben Ruhe und Friedlichkeit verlebt wie bisher in Eurem hübschen Häuschen, in das ich schon längst mal wieder gern hineinsehen würde. Ich bin begierig, Marianne in ein paar Monaten wiederzusehen

und erst recht die kleine Christiane, die mir so ähnlich sehen soll.
Ihr werdet gewiß einen hübschen Geburtstag feiern. Wie ich den Tag begehe, weiß ich noch nicht ganz. Einige Leute hier haben den Tag erfahren und verlangen eine Geburtstagsgesellschaft, die ich dann bei einem von den verheirateten Studenten im Haus geben würde. Vielleicht finde ich aber auch ein schönes Theater. Leider kann ich dann bei dieser Gelegenheit nicht mal mit einem Glas Wein auf Dich anstoßen, das verbieten die hohen Staatsgesetze; es ist schon ein furchtbarer Stumpfsinn mit dieser Prohibition, an die doch keiner glaubt. –
Hier sind jetzt gerade Zwischensemesterferien, und ich habe viel Zeit, Dinge aufzuholen, die ich bisher vernachlässigt habe, besonders einige Besuche und viele Bücher. Ich lese gegenwärtig viel Negerliteratur, die teils wirklich sehr interessant ist. Außerdem treibe ich systematisch mit einem hiesigen Professor zusammen amerikanische Philosophie.
Die Theaterprogramme sind leider meist entsetzlich schlecht, so daß ich nur selten hingehe. Ich hatte durch Zufall in letzter Zeit mehrfach Gelegenheit, umsonst die hiesige Philharmonie mit Toscanini zu hören, was mich übrigens bis jetzt noch nicht sehr erschüttert hat. Die Programme sind oft ganz seicht; und daß gerade Toscanini in Bayreuth dirigieren mußte, als ob das einer von unseren Leuten nicht auch könnte, leuchtet mir nicht sehr ein und macht einen unsympathischen Eindruck auf manche.
Über die politischen Zustände in Deutschland wird hier viel gesprochen, und zwar besonders in akademischen Kreisen mit sehr viel Sympathie. Ein Wirtschaftsprofessor von der Columbia University sagte mir, er habe keine Zweifel, daß Amerika in absehbarer Zeit eine erhebliche Änderung der Reparationsfrage herbeiführen werde. Die Leute kla-

gen hier selbst kolossal, was auf uns Europäer aber keinen überzeugenden Eindruck macht. Übel dran sind tatsächlich nur die Arbeitslosen, für die es keinerlei Versicherung gibt. — Meine Pläne für die Monate nach Mai sind noch durchaus im Ungewissen. Ich habe einerseits Lust, bald nach Deutschland zurückzugehen, um einiges zu arbeiten, will allerdings bestimmt noch vorher vier bis sechs Wochen reisen. Vielleicht über Süden und Westen nach Mexiko, vielleicht aber gehe ich auch wirklich noch ganz um die Welt, das heißt besonders nach Indien, wenn das Geld reicht und ich jemanden finde, der mitgeht, und mich Deutschland nicht allzu stark zurückzieht. Am wahrscheinlichsten ist es mir, daß ich Ende Juni wieder nach Deutschland komme. —

Ich wünsche Euch einen schönen vergnügten Geburtstag und von Herzen alles Gute im neuen Jahr.

Dich, Gert, Marianne und die Kleinste grüßt sehr

Euer Dietrich

Als Gert im Mai 1931 einen Ruf nach Göttingen als Ordinarius für Staatsrecht erhielt, kam keine rechte Freude mehr auf. Gert meinte, es verlohne sich vielleicht gar kein neuer Anfang mehr. Aber im Oktober siedelten wir dann doch nach Göttingen um, und Gert trat sein neues Amt dort an.

Seit 1930 sah Gert das Kommen der Nazis voraus. Damals hatten sie schon ein Drittel der Stimmen im Reichstag. Es gab auch in Göttingen bereits 1930 einen NS-Studentenbund, der bei der Feier der Semestereröffnung mit Hakenkreuzfahnen einzuziehen verlangte. Aber der damalige Rektor Professor Ludwig verbat sich dies.

Berufung nach Göttingen

Beginnende Verfolgung

Vorbereitungen zur Emigration

Unser Haus lag weit zurück von der Straße und hatte einen besonderen Reiz zu der Zeit, da der Wein, der zwischen den Fenstern an den Mauern hinaufrankte, sich färbte. Es war nach damaligen Maßstäben kein großes Haus, aber es hatte unten ein geräumiges ruhiges Arbeitszimmer für Gert mit viel Platz für unsere Bücher. Wir hatten damals schon eine schöne Bibliothek. Der Blick ging auf unseren Obstgarten. Ein schönes großes Barockeßzimmer mit rundem Eßtisch und einem rehbeinigen Frühstückstisch am Gartenfenster lag daneben. Daran schloß sich der Salon, in dem der Flügel stand, auf dem Dietrich oft spielte, sowie ein Biedermeierzimmer für mich mit einer hübschen Südveranda, wo Dietrich sich gern sonnte. Der hinter dem Haus liegende Obstgarten war zauberhaft, zumal wenn die weißen Rabatten sich im Mondlicht abhoben und auch zur Zeit der Baumblüte, wenn die Sauerkirschen mit ihren graziösen Zweigen von Blüten weiß übersät waren. Aber es gab auch mehr Arbeit darin, als ich mir vorgestellt hatte. Es war manchmal eine Last mit den vielen Beerensträuchern, den Pflaumen-, Apfel- und Birn-

bäumen; wenn alles gut trug, konnte man waschkorbweise davon an Studenten oder Bekannte abgeben.
Die Keller waren gefüllt mit unserem Fleiß: voller Eingemachtem, Gemostetem und schönem Obst. Es war ein herrlicher Duft, der einem entgegenströmte, wenn man hinunterstieg. Daneben lag der Weinkeller, den mein Schwiegervater noch mit sehr guten Flaschen gefüllt hatte. Der Garten war ein Paradies für die Kinder. Wenn die Zeiten nicht so schwierig gewesen wären, hätten wir ihn natürlich sehr viel mehr genossen.
Noch hatten wir zwei Jahre in Göttingen, bis der Höllenspuk begann. Hier in Göttingen konnten wir von der allgemeinen Not zur Zeit der Wirtschaftskrise, abgesehen von den Schlangen vor den Arbeitsämtern, nicht sehr viel merken. Zweimal in der Woche bereitete ich für eine sechsköpfige Arbeitslosenfamilie ein Mittagessen und richtete auch hin und wieder Kleidung für sie her. Alles andere entnahmen wir nur den Zeitungen oder dem Radio, denn man bekam ja noch nicht die ganze Welt im Fernsehen ins Haus. Freilich witterte man schon politische Unruhe, aber wie wenig Vorstellung hatten wir damals z. B. von den USA und der Krisensituation dort! Man lebte viel zu eingeengt in den kleinen Universitätsstädten, und die meisten Professoren waren viel zu weltfremd, jeder lebte in seiner Spezialwissenschaft. Die Naturwissenschaftler allerdings brachten frischeren Wind mit und hatten nichts Provinzielles an sich.
Hitlers Machtergreifung erlebten wir in Göttingen. Sie kam nicht mehr als Überraschung. Damals las man: „Zehntausende aus allen politischen Lagern, aus allen Berufen und Ständen, säumten die Straßen und fühlten sich innerlich verbunden mit den braunen Soldaten des Dritten Reiches, die mit stürmischen Heil-Rufen begrüßt wurden. Wer die wohl 3 000 SA- und SS-Leute und die Hitlerjugend im

Schwunge einer hinreißenden Bewegung und doch gebändigt in eiserner Disziplin vorbeimarschieren sah, dazu die vielen, die im Rhythmus der preußischen Märsche mitzogen, mußte die geschichtliche Größe der Stunde empfinden."

Das Semester ging zuerst noch ungestört weiter. Aber gleich nach dem Reichstagsbrand 1933, der ja von den Nazis als kommunistischer Angriff ausgelegt worden war, kam es schon zur Aufhebung der wesentlichen Grundrechte: der Freiheit der Person, des Briefgeheimnisses, der Unverletzlichkeit der Wohnung, der Pressefreiheit, der Vereinsfreiheit, der Versammlungsfreiheit sowie der Gewährleistung des Eigentums.

Sehr bald war es mit der vorher gern gehegten Hoffnung, Hitler würde rasch abwirtschaften, vorbei. Der Nationalsozialismus etablierte sich mit Windeseile, von der Industrie finanziell unterstützt, von den Universitäten durch so manche Juristen mit neuen Rechtstheorien unterbaut und hoffähig gemacht. Es gab auch einige, die glaubten vermitteln zu können, doch die meisten wurden bald Überläufer. Am 7. April wurden in den Ländern die nationalsozialistischen Statthalter eingesetzt, und das Gesetz zur „Wiederherstellung des Berufsbeamtentums" schloß „Nichtarier" aus dem Staatsdienst aus. Ende April gab es eine geheime Staatspolizei. Das Ermächtigungsgesetz machte Hitler den Weg zur unumschränkten Herrschaft frei.

Auch in Göttingen begann man nun mit der sog. „Wiederherstellung des Berufsbeamtentums". Die naturwissenschaftliche Fakultät, die mit James Franck, Born, Landau, Weyl, Hilbert, Courant und anderen hervorragend besetzt war, wurde stark davon betroffen.

Damals kamen wir unter dem gemeinsamen Druck der Verhältnisse auch mehr mit den rassisch verfolgten Natur-

wissenschaftlern zusammen. Wir sprachen über den Terror, die Zukunft und die Auswanderungsmöglichkeiten. Ein Zeichen der Zeit war auch das Anwachsen der Auslandskorrespondenz mit ausländischen Fachkollegen. Viele gute Bekannte, ehemalige Mitschüler, Freunde und Lehrer Gerts waren ja auch schon in alle Winde verstreut. Es war aber in jenen Tagen schon zweifelhaft, ob diese Briefe, die man aus dem Ausland bekam, nicht durch die Hand der Gestapo gegangen waren, und das gab ein großes Unsicherheitsgefühl.
Wir waren nach Semesterschluß nach Berlin gefahren, wohnten bei unseren Eltern und besuchten vor allem meinen Schwiegervater, der damals 65jährig schwer krank lag. Er mußte noch auf dem Sterbebett erleben, daß die Nazis ihn als Stadtrat entließen und seinen ältesten Sohn Hans als Landgerichtsrat aus seinem Amt vertrieben.
Dieser April 1933, den wir noch in Berlin verbringen wollten, brachte neue ungeheuerliche Bestimmungen. Am 1. April wurde ein Boykott jüdischer Geschäfte organisiert.

Meine Großmutter Bonhoeffer, die im 90. Lebensjahr stand, sah vor einem Geschäft die SA-Leute stehen mit Schildern „Deutsche, wehrt euch, kauft nicht bei Juden!" Das Geschäft hatte nicht geschlossen. Als die SA-Leute sie zurückhalten wollten, sagte sie nur: „Ich kaufe mein Sach, wo ich will" und schlüpfte hinein. Auch in der Stadt vor dem Kaufhaus des Westens ignorierte sie die davor demonstrierende SA-Kette und ging unbeirrt in das Kaufhaus, um ihre Einkäufe zu machen.
Als unsere Großmutter Bonhoeffer 1936 starb, hielt Dietrich ihr die Grabrede. Er sagte von ihr u. a.: „Die Unbeugsamkeit des Rechtes, das freie Wort des freien Mannes, die Verbindlichkeit des einmal gegebenen Wortes, die Klarheit und Nüchternheit der Rede, die Redlichkeit und

Einfachheit im persönlichen und öffentlichen Leben, daran hing ihr ganzes Herz ... Sie konnte es nicht ertragen, wo sie diese Ziele mißachtet sah, wo sie das Recht eines Menschen vergewaltigt sah. Darum waren ihre letzten Jahre getrübt durch das große Leid, das sie trug über das Schicksal der Juden in unserm Volk, an dem sie mittrug und mitlitt. Sie stammte aus einer andern Zeit, aus einer andern geistigen Welt, und diese Welt sinkt nicht mit ihr ins Grab ... Dieses Erbe, für das wir ihr danken, verpflichtet."

Wir besuchten natürlich auch Gerts Verwandte, die alle ihre großen Sorgen hatten. Auch ein Vetter meines Mannes, der Landgerichtsdirektor in Berlin war und das Eiserne Kreuz 1. Klasse aus dem Weltkrieg hatte, wurde aus seinem Amt verjagt. Später wurde er von der SS mit seiner Frau in das Lager Theresienstadt gebracht, wo er bald starb. Seine Frau, die dort leidend wurde, kam noch in das Vernichtungslager nach Auschwitz, um vergast zu werden. Gerts anderer Vetter nahm sich das Leben, seine Frau und seine 14jährige Tochter entkamen nach Belgien, wurden von den Deutschen nach der Besetzung aber dann auch nach Auschwitz verschleppt und dort ermordet. Gerts bester Schulfreund ertränkte sich im Gardasee.
Gerade als wir von der Beerdigung meines Schwiegervaters nach Göttingen heimkamen — noch im Mantel — empfing uns ein Anruf des Göttinger Dekans der Juristischen Fakultät, mein Mann solle am Maifeiertag nicht am Umzug teilnehmen, es würden sonst Unruhen entstehen. Mein Mann erwiderte ihm, er habe das auch nicht vor, er sei froh, wenn er nicht mitmarschieren müsse. An der Weihe der Nazifahne in der Universität hätte er auch kein Interesse. Der Dekan gehörte zu den Unzähligen, die der Ehrgeiz dem Nationalsozialismus in die Arme trieb.

Er strebte trotz seines Alters noch nach einem Lehrstuhl in Berlin, den er dann auch bekam.
Täglich wurde es unerfreulicher. Meines Mannes Vorlesungen, die sehr besucht gewesen waren, sollten auf Veranlassung der nationalsozialistischen Studentenführer und Studentenschaft boykottiert werden. Auch der Dekan machte meinem Mann Mitteilung, daß ein Boykott stattfinden würde. Ich war in Sorge, daß Gert sich irgendwelchen Anpöbeleien aussetzen müßte, und riet ihm ab, dieses Kolleg zu halten. Gert wollte eine Vorlesung über „das Staatsbild des 20. Jahrhunderts" halten, und sie war schon angekündigt gewesen. Dieses Thema betrachtete die Partei als „Provokation". Ich hatte damals die Vorlesungen meines Mannes oft gehört und ging auch am Tage des Boykotts in die Universität, um dabei zu sein und zu hören, was die Studenten sagen würden. Es gab keinen Protest.
Breitbeinig, wie nur diese SA-Männer stehen konnten, standen da ein paar Studenten in SA-Uniform in ihren hohen Stiefeln vor dem Vorlesungssaal und ließen niemanden herein. „Leibholz darf nicht lesen, er ist Jude. Die Vorlesungen finden nicht statt." Gehorsam gingen die Studenten heim. Am Schwarzen Brett befand sich ein entsprechender Anschlag. Auch die Presse berichtete darüber. Der Kurator mußte sich für die unverzügliche Beseitigung von Bildern jüdischer Gelehrter einsetzen.
Öffentlich an das Rechtsbewußtsein zu appellieren, war schon längst nicht mehr möglich. Die SPD wurde verboten. Die anderen Parteien lösten sich von selbst auf. Die Universitäten haben nicht gestanden wie die holländischen. Die Universität Leyden schloß 1940, weil ein „nichtarischer" Kollege sein Amt verlor. In Göttingen versuchten viele mitzulaufen. Nicht weitergekommene Privatdozenten sahen jetzt ihre Chance. Manche Alten mochten nicht als „verkalkt" abgeschoben werden und benahmen

sich oft recht unwürdig. Gottlob gab es auch einige anständige Männer unter den Professoren. Auch mit der Gruppe der politisch Verfolgten fanden wir uns zusammen. Ich entsinne mich besonders auch des Theologen Walter Bauer. Wenn man ihn auf der Straße traf, ging er nicht auf die andere Seite — was vielfach geübt wurde —, sondern er kam auf meinen Mann zu und schimpfte, da er sehr schlechte Ohren hatte, oft so laut und deutlich auf Hitler und die Nazis, daß ich in Sorge rechts und links den „deutschen Blick" sandte. Der alte Örtmann, Professor für Zivilrecht, kam sofort, als mein Mann sein Amt verlor, um uns einen Besuch zu machen. „Herr Kollege, ich schäme mich, ein Deutscher zu sein", sagte er. Er hatte Tränen in den Augen und schüttelte uns beiden die Hände. Auch eine Gruppe von Studenten, die bei meinem Mann im Seminar waren, versuchten eine Aktion beim Ministerium und baten, Gert im Amt zu belassen.

Da mein Mann noch nicht offiziell entlassen wurde, begann er doch noch einmal mit den Vorlesungen und konnte merkwürdigerweise auch eine ganze Weile ungestört weiterlesen. Es saßen allerdings hin und wieder uniformierte Nazis auf den Bänken, was mir sehr wenig behaglich war. Schließlich bat Gert um seine Emeritierung, um der Entlassung zuvorzukommen. Man hat ihn dann erst „zur Verwendung" an die Bibliothek versetzt. Er ist nur einige Male hingegangen. Später wurde dann den „Nichtariern" ganz allgemein das Betreten der Universität und der Universitätsbibliothek untersagt. „Nicht der hochgezüchtete Intellekt, nicht die Koryphäen auf den Kathedern haben die relativen Einsteine, die Hirschfelds und Genossen hinausgejagt, sondern unsere Fäuste", stand in der niedersächsischen Hochschulzeitung.
Fast vor jedem niedersächsischen Dorf fand man jetzt ein

Schild: „Juden nicht erwünscht", „Juden haben hier nichts zu suchen", „Juden raus".
Zum Totensonntag schrieb uns Dietrich. Es war ihm damals von seiner vorgesetzten Behörde nahegelegt worden, meinen Schwiegervater, der jüdischen Glaubens war, nicht zu beerdigen, und es trieb ihn um, daß er den Rat angenommen hatte. Mein Mann hatte es sich gewünscht, weil mein Schwiegervater, dessen Kinder protestantisch getauft waren, selbst die Synagoge nicht besuchte, und Dietrich hochgeschätzt hatte.

Lieber Gert, liebe Sabine!

Zum nächsten Sonntag möchte ich Euch gern schreiben. Ich arbeite gerade an meiner Predigt für den Totensonntag und muß immer wieder an Euch und an die Tage im März denken. Es ist ein schöner Text, der in der Weisheit Salomos, Kapitel 3, 1 ff., steht. Lest ihn mal. Ich werde nur über den kleinen Satz daraus: „Aber sie sind in Frieden" predigen. Der wäre auch damals für Deinen Vater schön gewesen. Es quält mich jetzt immer wieder mal, daß ich damals nicht ganz selbstverständlich Deiner Bitte gefolgt bin. Ich verstehe mich offen gestanden selbst gar nicht mehr. Wie konnte ich damals nur so grauenhaft ängstlich sein? Ihr habt es gewiß auch gar nicht recht verstanden und mir nichts gesagt. Aber mir geht es nun ganz gräßlich nach, auch weil es gerade etwas ist, was man nun nie wieder gutmachen kann. Also ich muß Euch nun heute einfach bitten, mir diese Schwäche damals zu verzeihen. Ich weiß heute sicher, ich hätte es anders machen sollen. Totensonntag ist einem diesmal ein besonders nahegehender Tag, weil man nach all dem, was ja in den letzten Monaten vorgegangen ist, so starke Sehnsucht hat nach wirklichem letzten Frieden, wo nun wirklich all das Elend und Unrecht und Lüge und Feigheit ein Ende hat und wo der Kampf aufhört und alles stille ist in einer starken Hand. Es ist aber gewiß gefährlich, sich hinreißen zu lassen, und man muß wie zuvor auf Hoffnung leben. Man darf wirklich nicht mutlos werden. Ich glaube, daß Dein Vater, lieber Gert, auch diese Zeit wahrscheinlich mit viel stärkerer Zukunftsfreudigkeit und Unbeirrtheit durchlebt hätte, als die meisten von uns. Und doch muß es schön sein, Frieden zu haben, wie Hans damals sagte. – Ihr habt ja ein Stück von solchem Frieden in Eurem Haus mit Euren Kindern, und ich habe ein Stück davon in meiner Gemeinde. Und dafür müssen wir ja wirklich dankbar sein. Laßt es Euch sehr gut gehen. Ich denke oft an Euch, auch wenn ich selten schreibe. Ich danke Euch sehr für Eure Briefe. Deinen Geburtstag, lieber Gert, habe ich trotz Kalender im Trubel des Umzugs vergessen. Verzeih! Grüß die Kinder sehr. Seid selbst herzlich gegrüßt von

Eurem Dietrich

Wir hatten 1934 einen Wagen gekauft, um im Falle der akuten Not beweglich zu sein. Wir verließen außerdem Göttingen, so oft es möglich war, waren viel in Berlin bei meinen Eltern oder im Ausland, immer schon im Hinblick auf die Auswanderung.

Auch die Kinder hatten wir so viel wie möglich aus der Schule genommen, um ihnen Unannehmlichkeiten zu ersparen. Dreimal wurde unsere kleine Marianne, 7jährig, vom Schuldiener wieder zurückgeschickt, weil sie „Guten Morgen" sagte und nicht „Heil Hitler" und auch nicht den Arm hob. Als er sie dann sehr anbrüllte, tat sie's schließlich. Mariannchen wußte sich aber im übrigen Respekt zu verschaffen. Sie war ein kluges Kind, gut in der Schule

und hatte immer ein paar Mädchen, mit denen sie noch Freundschaft halten konnte.
Unsere kleine Christiane mußte dann auch zur Schule. Mitschülerinnen unserer Kinder fingen an zu tuscheln. Eine kleine Freundin rief ihr sogar über den Zaun zu: „Dein Vater ist ja ein Jude!“ Eine Lehrerin sagte zu einer Schülerin vor der Klasse: „Sprich nicht so mit den Händen. Das darf nur Marianne Leibholz tun“ — und dies in ihrer Anwesenheit! Schließlich wurde an einem der Bäume vor der Schule ein Schild angebracht, auf dem stand: „Der Vater des Juden ist der Teufel.“ Täglich gingen unsere beiden Kinder unter diesem Hetzwort zur Schule. Gegenüber wurde dann noch ein „Stürmerkasten“ mit seinen Scheußlichkeiten festgemacht. Er enthielt antisemitische, phantastische Berichte über angebliche jüdische Sexualverbrechen und rituelle sadistische Vorgänge, erfundene Geschichten schmutzigster Art, und die älteren Schulkinder drängten sich davor. Wir waren froh, daß wir unsere Töchter nicht in die Hitlerjugend geben mußten. Aber andererseits waren sie natürlich schon dadurch in ihren Klassen isoliert.
Fröhlich machten uns immer wieder Dietrichs Briefe. Sein Optimismus, den er hegte, obwohl auch seine Zukunft so unsicher war, tat wohl. Er schrieb uns aus London:

Lieber Gert!

Es tat mir wirklich leid, daß ich Euch neulich noch so nächtlich erschreckt habe — und es war ja auch beispiellos dumm. Es war aber trotzdem sehr nett, Euch wieder zu sprechen und zu hören, daß es Euch gut geht. Zunächst also alles Gute fürs nächste Jahr — und einerseits viel Ruhe und andererseits recht viel Veränderung, man weiß nicht, was man sich mehr wünscht. Daß Ihr mit den Kindern Sorge

hattet, tut mir sehr leid. Sabine schrieb davon — der ich sehr für den lieben Brief und das Päckchen danke! — Warum aber schickt Ihr in so einem Fall die Kinder nicht sofort im Auto nach Berlin zu den Geschwistern oder Eltern? Das verstehe ich eigentlich nicht. — Ich will nächste Woche nach Berlin kommen, wahrscheinlich dann im Januar für länger, wenn auch noch nicht endgültig — von hier aus beurlaubt. Was dann wird, kann man noch nicht wissen. Ich habe mich hier sehr eingelebt, und doch ist es natürlich hier keine Lebensaufgabe. Ich gehe ungern weg — aber mehr aus schon sehr bürgerlichen Sicherheitsgefühlen heraus — und die darf man gar nicht erst groß werden lassen — sonst ist das Leben gar nichts mehr wert und macht auch keine Freude mehr. Also, auf baldiges Wiedersehen! Verzeih, daß ich so kurz bin; ich muß schnell weg und der Brief soll pünktlich sein.
Alles Gute Euch allen zusammen!

Euer Dietrich

Wie die Häuser vieler Professoren lag unser Haus in der Herzberger Landstraße. Die SA liebte es, am Sonntagmorgen durch diese schöne breite Villenstraße zu marschieren. Ich höre heute noch mit Grauen ihre Marschlieder: „Soldaten, Kameraden, hängt die Juden, stellt die Juden an die Wand". Am Anfang wurde auch noch das Horst-Wessel-Lied gesungen, das „Deutschland erwache" ebenso wie das „Heute gehört uns Deutschland, morgen die ganze Welt". Nach den schamlosen Nürnberger Gesetzen, die nur allzu deutlich die schmutzige Phantasie der Nazis bloßstellten, erlaubte man uns nicht mehr, daß wir unsere Haus- und Küchenhilfen und das Kindermädchen, die sehr aneinanderhingen, behielten. Es gab Tränen. Die Haushilfen hatten von nun an über 45 Jahre zu sein. Schon vorher wurden

die Hausmädchen, soweit sie noch in jüdischen oder halbjüdischen Häusern arbeiteten, aufgehetzt. SA-Boten in Uniform, die die Waren ablieferten, sagten etwa: „Was, du arbeitest noch bei Juden?“ Auf die Entgegnung: „Hier sind alle Christen“, kam die Antwort des Grobians: „Ah ha, verkappte Juden!“ Und ähnliches wiederholte sich dann als Druck von Bräutigam und Freunden der Mädchen, die anfingen, für ihre Karriere zu bangen, wenn sie im Arbeitsdienst waren oder sonst vorankommen wollten. Die Zahl der Professoren, die uns nun noch besuchten, war kleiner geworden. Ein uns befreundeter Kollege war eine große Enttäuschung für uns, denn er ging eines Tages in die SS, nur aus Opportunismus, — er machte sich über die SS lustig — und erklärte uns ganz offen: „Ja, ich kann von jetzt an aber nur noch zu Ihnen kommen, wenn's dunkel ist.“ Über 50 Professoren der Göttinger Universität waren jetzt aus dem Lehrkörper ausgestoßen worden.
Am 14. August 1935 erhielten wir von dem ehemaligen Oberstudiendirektor des Goethe-Gymnasiums Frankfurt, Ernst Neustadt, dem Patenonkel unserer Tochter, einen Brief, in dem er uns u. a. voller Abscheu über die Spruchbänder der Umzugswagen in München und die begleitenden Gesänge schrieb: „Deutscher Mann und deutsche Frau, kauf bei keiner Judensau!“ Ferner: „Jesuiten heißt Parasiten“ und „Lieber Heide sein, als katholischer Devisenschieber!“ Neustadt wanderte nach England aus; später erhängte er sich dort.
Als ich zum erstenmal durch meine Schwester Christel von Dohnanyi, die von ihrem Mann darüber informiert war, erfuhr, was in den Konzentrationslagern vor sich ging, wollte ich aus Angst nicht weiter zuhören; aber ich wollte von da ab wissen, wie die Menschen, mit denen man umging, zum NS-Regime standen. Ich hatte das Gefühl, daß man rechts und links ausschauen mußte nach anständigen

Menschen. Gab es sie noch auf dieser Welt, auf der man mit den Seinen weiterleben wollte? Wir suchten jetzt nach politischer Übereinstimmung und sehnten uns nach Gleichgesinnten. Und wir fanden gottlob auch in Deutschland noch Menschen, die wie wir und unsere Familien dachten. Aber wo waren die, die handeln wollten? Das schöne Wort Fichtes war vergessen: „Und handeln sollst du so, als hinge von dir und deinem Tun allein das Schicksal ab der deutschen Dinge und die Verantwortung wär dein."
In unangenehmer Erinnerung habe ich einen Besuch der Zollfahndungsstelle in unserem Bankdepot. Eines Tages bekamen wir Nachricht, daß wir es in Anwesenheit zweier Beamter von der Zollfahndungsstelle öffnen sollten. Ich ging mit den beiden Männern hinunter zu dem Safe, machte auf, und sie sahen alles sehr genau durch. Aber da sie nichts fanden, was sie beanstanden konnten, empfahlen sie sich wieder. Auf der Commerzbank waren zwei anständige Menschen, die uns genauso Devisen zuteilten wie allen anderen, das war schon eine große Bevorzugung. Der eine war Willi Drescher, ein frommer Baptist und ein ausgesprochener Feind der Nazis aus christlichen Grundsätzen, der andere war ein jüdischer Mann namens Hammerschlag, der wohl wegen seiner großen Tüchtigkeit nicht so schnell zu ersetzen war. Sie öffneten uns die Tore in die Freiheit.
Dietrich schrieb in dieser Zeit mitten aus seiner Tätigkeit als Direktor des Prediger-Seminars zu meinem Geburtstag:

Liebe Sabine!

Schade, daß wir nun auch wieder diesmal nicht zusammen feiern können. Ich hatte mich darauf gefreut. Ich glaube, seit dem 20. war es nicht mehr so. Leider bin ich ja selbst

an diesem Tag etwas zerrissen. Ich bin nur für ein paar Stunden in Berlin. Die übrige Zeit auf der Bahn und im Seminar, wo bereits, wie ich fürchte, viel Vorbereitungen im Gange sind. Ich mag es im Grunde doch nicht, so im Mittelpunkt eines Festes zu stehen, zu dessen Ermöglichung man so rein gar nichts beigetragen hat. Es ist aber andererseits nett zu sehen, daß andere Leute gern eine Gelegenheit zum Feiern benutzen. Es ist ja die gegenwärtige Existenz für die ganz jungen Theologen heute derartig, daß man sich noch über jede völlig unbefangene Freude, die ihnen vergönnt ist, für sie freut. Wer weiß, wie oft sie das noch haben können. Wir meinen doch, daß nach der Olympiade manches klarer werden wird. Es ist uns nur recht so, aber das ist vorher natürlich leichter gesagt. Eigentlich sind doch die letzten 10 Jahre für uns wirklich sehr, sehr reich gewesen. Und Du weißt ja, daß ich, — trotz allem — lieber heute lebe als vor 30 Jahren. Ob das nicht im Grunde auch bei Dir und bei Euch beiden so ist — nämlich, wenn man mal dahin kommt, über das Persönliche etwas hinauszusehen und auf so allerlei verheißungsvolle Dinge, die eben gerade heute geschehen und vor 30 Jahren nicht geschehen sind. Ob nicht im „Strom der Zeit" sich doch hier und dort der „Charakter bildet" — und gerade auch bei unseren Kindern, den wir für spätere Zeit erhoffen. Mich bewegt in diesen Tagen wieder besonders der Tod von Großmama. Es war doch ein starker Abschnitt. Und wir können doch aus ihrer Art für heute viel lernen. Nun wünsche ich Dir und Euch allen einen sehr schönen Tag. Wir wollen uns gegenseitig wünschen, daß wir weiter so geschwisterlich zusammenstehen wie bisher. Wir werden uns gewiß noch sehr brauchen.
Es grüßt Dich herzlich mit Gert und den Kindern

Dein Dietrich

Es gab Zeiten, wo ich bei jedem Klingeln nervös war, denn es wurden hin und wieder gegen Abend jüdische Menschen „besucht", und man erzählte auch, daß einige im Nachthemd durch die Straßen getrieben, andere abgeholt worden wären. Als eines Abends um 23 Uhr bei uns die Haustürklingel schellte, erschrak ich furchtbar und rief meinem Mann noch zu, hinten heraus durch den großen Hintergarten sich zu entfernen für den Fall, daß irgend etwas Unangenehmes sich ereignen würde; man war ja vogelfrei. Es waren aber nur zwei SA-Leute, die mit „Heil Hitler" und erhobenem Arm irgendeine Auskunft erbaten.

Durch die Devisenzuteilungen konnten wir noch mehrere Male mit den Kindern in die Schweiz fahren. Außerhalb der deutschen Grenzen wurde auch unser Schlaf wieder besser. Einen Wintermonat lebten wir in Grindelwald, wo uns noch der Zauber einer Berg-Schnee-Landschaft beschert wurde. Leises Dahingleiten im Schlitten, vor uns die schnaubenden Pferde, große Flocken, die still und langsam fielen, tiefe Stille, schwarze Tannen, die auftauchenden Lichter aus fernen Fenstern — das alles konnte man damals noch genießen, als es noch kaum Tourismus gab. Tags die große Helle und mittags die warme Sonne auf dem Rücken, die Kinder bei ihren Skiversuchen, nirgends Braunhemden, dafür umso mehr Engländer, die jede Art von Sport betrieben ohne Fatzkerei und sich an der Sonne wie Kinder freuten. Wir waren auch noch längere Zeit mit den Kindern in Locarno und verbrachten noch einige Wochen in Lenzerheide. — Auch in Holland streckten wir unsere Fühler aus. Die Holländer haben sehr viel für die Flüchtlinge getan. Auch Gerts Bruder lebte jetzt mit seiner Frau in Den Haag. So froh er war, daß er in der Freiheit leben konnte, litt er unter den veränderten Umständen, in denen er existieren mußte.

Wenn wir wieder nach Göttingen zurückfuhren, legte sich mir jedesmal mit jedem Kilometer, der uns Göttingen näherbrachte, etwas wie ein eiserner Reifen um das Herz.

Mein Vater schrieb über diese Zeit: „Den Sieg des Nationalsozialismus im Jahre 1933 und die Ernennung Hitlers zum Reichskanzler betrachteten wir von vornherein und zwar einheitlich in allen Gliedern der Familie als ein Unglück. Die Abneigung und das Mißtrauen gegen Hitler gründete sich bei mir auf seine demagogischen Propagandareden, sein Sympathietelegramm in der Mordangelegenheit, seine Autofahrten durchs Land mit der Reitpeitsche in der Hand, die Auswahl seiner Mitarbeiter, über deren Qualitäten uns hier in Berlin vielleicht mehr Einzelheiten bekannt waren als anderwärts, schließlich auch das, was an psychopathischen Eigenschaften von ihm im Kreis der Fachkollegen kursierte.

Im Jahre 1918 waren die Verhältnisse in der Charité nach dem Zusammenbruch zunächst auch unerfreulich gewesen, aber es stellte sich damals nach relativ kurzer Zeit und lebhaften Diskussionen über den Achtstundentag die Möglichkeit ruhiger Arbeit bald wieder her ohne wesentliche Behinderung durch politische Instanzen. Diesmal war es anders. Junge, bisher unbekannte Volontärärzte kamen als Beauftragte der Partei zu den Klinikleitern mit dem Ansinnen, die jüdischen Ärzte sofort zu entlassen. Einzelne ließen sich hierdurch beeinflussen. Der Hinweis, daß nicht die Partei, sondern das Ministerium in diesen Dingen zu befinden habe, wurde mit Drohungen beantwortet. In der Fakultät machte der Dekan den Versuch, die Mitglieder zu veranlassen, kollektiv der Partei beizutreten. Durch den Widerspruch einzelner konnte das abgewiesen werden. Auch hinsichtlich der verlangten Entlassungen jüdischer Assistenten hielt das Ministerium sich zunächst zurück, aber es blieb eine systematische Bespitzelung der einzelnen Kliniken über das Verhalten der Ärzte der Partei gegenüber. Das bisher ungestörte kollegiale Verhältnis zwischen den Klinikärzten ging durch gegenseitiges Mißtrauen vielfach verloren. Die Partei hatte wohl an jeder Klinik einen Vertrauensmann, der über die einzelnen Ärzte und über die einzustellenden Assistenten an die Partei berichtete, ohne dem Klinikleiter davon Mitteilung zu machen. Im ganzen kann von meiner Klinik gesagt werden, daß die Mehrzahl der Assistenten dem Druck widerstand. Die Klinik war aber der Dozentenführung ein Dorn im Auge. Es gelang mir wohl auch als einziger Klinik, in der Charité die Aufstellung eines Hitlerbildes bis zu meinem Abgang im Jahre 1938 zu verhindern. Umso größer war die Hitlerbüste, die von meinem Nachfolger im Vestibül der Klinik aufgestellt wurde.

Was die wissenschaftliche Tätigkeit anbelangt, so sehe ich bei der Durchsicht meiner Notizen vom Jahre 1896 bis 1940 das Jahr 1933 als das einzige, in dem keine wissenschaftliche Veröffentlichung von mir erschienen ist. Es fehlte offenbar einerseits an der inneren Ruhe, laufende wissenschaftliche Arbeiten fertigzustellen, andererseits machte das im Juli 1933 ergangene Gesetz zur Verhütung erbkranken Nachwuchses es dringlich, die psychiatrischen Auswirkungen dieses Gesetzes zu prüfen. Die Frage der Unfruchtbarmachung geistig Minderwertiger hat die Öffentlichkeit seit Beginn des Jahrhunderts in einzelnen Staaten Amerikas lebhaft beschäftigt und seit 1909 dort auch gesetzliche Formulierung gefunden. Sie ist also nicht, wie neuerdings vielfach geglaubt wurde, eine Erfindung des Nationalsozialismus. Bei der im Jahre 1932 erneuten Erörterung der Frage im preußischen Landesgesundheitsamt kam ein Antrag auf Schaffung eines Erbgesundheitsgesetzes an das Wohlfahrtsministerium zustande, bei dem aber das Einverständnis des Patienten die Voraussetzung für jeden Eingriff blieb.

Das Gesetz vom 15. 6. 1933 ging über alle bis dahin gemachten Vorschläge und anderwärts bestehenden gesetzlichen Bestimmungen hinaus durch die Einführung des Zwanges. Die Gefahr von Fehlurteilen durch unzulänglich ausgebildete Ärzte war groß, umso mehr, als bei der Auswahl der Sachverständigen zu Anfang nicht selten mehr die Zugehörigkeit zur Partei als die fachliche Qualifikation Berücksichtigung fand. Im eigenen Umkreis erfuhr ich dies, als mir eines Tages einer meiner jungen psychiatrisch noch unerfahrenen Volontäre meiner Klinik mitteilte, daß er auf Veranlassung des Ärzteführers Conti zum fachärztlichen Mitglied des Erbgesundheitsgerichts ernannt worden sei. Er war einsichtig genug, auf meine Veranlassung diese Stelle sofort wieder niederzulegen. Es kann wohl als sicher angenommen werden, daß sich vielenorts keine ausreichend vorgebildeten Psychiater fanden. An eine Rücknahme des Zwangsgesetzes war bei der Mentalität des Nationalsozialismus nicht zu denken, so blieb nur die Möglichkeit übrig, zu hemmen und durch Publikation und psychiatrische Lehrgänge auf die besonderen diagnostischen Schwierigkeiten im Erbgesundheitsverfahren hinzuweisen.

Während ich mich im Hinblick auf meine akademischen Aufgaben nach Möglichkeit der gerichtlichen psychiatrischen Tätigkeit bis dahin entzogen hatte, schien es mir nun geboten, mit dem Erbgesundheitsobergericht die Stelle des Sachverständigen Psychiaters zu übernehmen, um Einfluß auf die Gutachten der Gerichte zu bekommen. Tatsächlich ist, wie mir von vielen Seiten bestätigt worden ist, das Ergebnis gewesen, daß in Berlin und auch in den Provinzen die diagnostische Beurteilung vorsichtig gehandhabt wurde. Daß die Tätigkeit der Berliner Klinik auf dem Gebiet der erbbiologischen psychiatrischen Lehrgänge und der entsprechenden Publikationen im Braunen Haus in München unangenehm empfunden wurde, ergab sich daraus, daß die Kurse nach zweijährigem Bestehen vom Innenministerium nicht mehr gestattet wurden.

Was die vom Gesetz vorgesehene Meldepflicht des Arztes anging, so habe ich mich nicht entschließen können, die Verpflichtung zur Wahrung des ärztlichen Berufsgeheimnisses hintanzusetzen und habe dem Amtsarzt niemals Meldung von Kranken aus meiner Sprechstunde gemacht.

Nach dem Jahre 1933 habe ich von offiziellen Feiern der Universität nur noch die erste Ansprache des Kultusministers Rust in der Universität mitgemacht. Leider haben bei dieser Gelegenheit weder ich noch andere Professoren den Mut gehabt, den Saal bei der verletzenden Haltung des Ministers gegenüber den Professoren zu verlassen. Bei allen späteren öffentlichen Feiern und befohlenen Ansprachen habe ich gefehlt.

Die Gelegenheit, eine Reihe prominenter PGs kennenzulernen, gab mir der Auftrag, den Reichstagsbrandstifter Lubbe psychiatrisch zu untersuchen und zu begutachten. Sie hatten sich in größerer Zahl bei Gelegenheit der Verhandlung vor dem Reichsgericht in Leipzig zusammengefunden. Die Köpfe, die man bei dieser Veranlassung sah, waren zum größten Teil in ihrem Gesichtsausdruck unerfreulicher Natur. Bei den Vernehmungen vor Gericht stach die Ruhe und bemühte Sachlichkeit des Präsidenten der Reichsgerichtssitzung gegenüber der Insolenz der vernommenen PGs in erfreulicher Weise ab. Einen intellektuell überlegenen Eindruck machte der Mitangeklagte Dimitrov, der den geladenen Ministerpräsidenten Göring in einen fassungslosen Wutzustand versetzte. Bei Lubbe handelte es sich um einen menschlich nicht unsympathischen, psychopathischen jungen Mann, einen abenteuerlichen

Wirrkopf, der im Verlauf des Verfahrens in eine stuporöse Trotzaktion verfiel, die sich erst kurz vor seiner Hinrichtung verlor."

Längst hätten wir Deutschland verlassen müssen, aber man kann seine Entschlüsse nur von der Zeit her beurteilen, in der sie gefaßt wurden. Wunderlicherweise fand man immer wieder Gründe, die Auswanderung noch hinauszuschieben, trotz grauenerregender Nachrichten, die uns unser Schwager von Dohnanyi zukommen ließ in der Absicht, uns zur Auswanderung zu bewegen, ehe es zu spät wäre. Was uns nun plötzlich neu bedrohte, war der mögliche Verlust des Passes meines Mannes. Als wir Ende August 1938 fühlten, daß eine schwere europäische Krise bevorstand, daß es vielleicht sehr bald zum Kriege kommen würde, bereiteten wir uns vor, Deutschland zu verlassen. Die große Unruhe des konkreten Planens begann, aber Gerts belastete Seele konnte oft die wichtigsten Fragen gar nicht in Ruhe durchdenken. In unserem großen Garten wanderte er viele Kilometer herum; ich konnte es manchmal gar nicht mitansehen. Wenn wir dem Entschluß ganz nahe zu sein schienen, fanden sich immer wieder neue Bedenklichkeiten, die freilich auch ihre Ursache darin hatten, daß der Westen in seinem Wunsche, den Frieden zu erhalten, Hitler nicht entgegentrat. Man fragte sich: „Hat ein Auswandern innerhalb Europas überhaupt noch Sinn?"
Als die Befürchtung wuchs, daß Hitler „seine letzte territoriale Forderung", die Besetzung der Tschechoslowakei, in die Tat umsetzen würde, verließen wir Deutschland. Wir reisten am 9. September 1938. Der Aufbruch war dann doch noch ein überstürzter. Als wir abends gegen 22 Uhr die Grenze in Basel erreichten, waren die Zollbeamten zu müde, um noch viel zu fragen oder uns zu durchsuchen. Ich hatte mit großer Angst der Grenze entgegengesehen.

Dietrich Bonhoeffer als Schüler

Es hatte mir vor den Durchsuchungen der Nazi-Zollbeamten, von denen man gehört hatte, gegraut, aber wir hatten noch großes Glück. Dietrich und Eberhard Bethge hatten uns noch bis Gießen das Geleit gegeben.

Meine Tochter Marianne berichtet aus ihrer Erinnerung unsere Ausreise: „Im Sommer 1938 merkte ich an mehreren winzigen Andeutungen meiner Mutter, daß meine Eltern sich jetzt entschlossen hatten, Deutschland zu verlassen. Ich war damals gerade 11 Jahre alt. Ich wußte von der Tschechenkrise und daß die Kriegsgefahr täglich zunahm. Ich wußte, daß wir uns im Kriegsfall nicht in Deutschland einschließen lassen durften, da wir uns dann hilflos jeder beliebigen Verfolgungsmaßnahme unserer nationalsozialistischen Landsleute ausgesetzt hätten. Ich wußte, daß alle Pläne, Deutschland zu verlassen, geheimgehalten werden mußten und daß meine Eltern ihre Gründe hatten, wenn sie mir nicht mehr erzählten. Ich achtete gespannt auf die kleinsten ungewöhnlichen Vorkommnisse in unserem täglichen Leben, und an Tagen, in denen ich das Gefühl hatte, daß wir bald fortgehen würden, machte ich Kreuze in mein Tagebuch, kleine oder große, je nach der Stärke des unheimlichen Gefühls.
Am 23. August fuhren meine Eltern für vierzehn Tage nach Berlin zu den Großeltern. Großtante Elisabeth von Hase kam zu uns, um meine Mutter zu vertreten. Spät am 8. September kamen die Eltern zurück, zusammen mit Onkel Dietrich Bonhoeffer und Pastor Eberhard Bethge. An all diesen Tagen malte ich große Kreuze in mein Tagebuch.
Der 9. September begann mit einem strahlenden sonnigen Morgen in Göttingen. Wie gewöhnlich weckte unser Kindermädchen meine siebenjährige Schwester Christiane und mich um 6.30 Uhr, um uns für die Schule fertig zu machen. Plötzlich kam meine Mutter sehr eilig in unser Schlafzim-

Sabine Leibholz
mit ihren beiden Töchern (1933)

mer, sagte: „Wir fahren nach Wiesbaden, ihr geht heute nicht zur Schule", und zum Kindermädchen: „Wir kommen wahrscheinlich Montag zurück, bitte, beide Kinder sollen wollene Hemdchen übereinanderziehen, möglichst alles doppelt, wir fahren ganz offen."

Ich wußte sofort, daß etwas sehr Ernstes vor sich ging. Meine Eltern fuhren nie nach Wiesbaden, und Mutter hatte dies eindeutig nur gesagt, um das Kindermädchen irrezuführen, falls man sie nach uns fragen würde. Noch nie hatten wir mehr als ein Wollhemdchen anziehen müssen. Ich dachte: Wir gehen fort. Wir können nur mitnehmen, was in unser Auto geht. Weil wir kein Geld im Ausland haben, ist jedes extra Wollhemd, das wir über die Grenze bekommen, wichtig. — Sobald ich angezogen war, wanderte ich durch unseren großen Garten, um allen Ecken „Auf Wiedersehen" zu sagen. Ich wollte eigentlich auch allen Zimmern im Hause „Auf Wiedersehen" sagen, fürchtete aber, die Erwachsenen würden dadurch merken, daß ich etwas ahnte, und sagte daher nur den Kinderzimmern „Auf Wiedersehen". Ich holte mir meine zwei liebsten 8 cm großen Puppen, ihre Pässe, Geburtsurkunden, Taufzeugnisse, die ich ihnen schon früher angefertigt hatte, Buntstifte und mein Tagebuch. Diesen Kleinkram konnte ich in meinen Taschen unterbringen, ich wußte, daß großes Spielzeug wertvollen Platz im Auto wegnehmen würde. Meine beste Freundin, Sybille von Schönfeldt, kam die Treppe heraufgerannt, wir gingen immer zusammen zur Schule. „Mach schnell, wir kommen zu spät", schrie sie.

„Wir fahren drei Tage nach Wiesbaden, ich komme heute nicht." Sie guckte mich enttäuscht an, rief: „Auf Wiedersehen, ich muß rasen", und lief davon. Ich starrte ihr nach und versuchte mir für immer einzuprägen, wie sie aussah. Unser Auto war sehr voll geladen, sah aber aus, als ob wir eine normale Ferienreise vorhätten. Christiane und ich wurden hinten in den Wagen eingebaut. Onkel Dietrich und Onkel Bethge hatten Onkel Dietrichs Auto mitgebracht, und während der Fahrt saßen meine Eltern und die Onkel auf den Vordersitzen der zwei Wagen. Sie wechselten häufig ihre Plätze und saßen auf diese Weise alle einmal bei uns Kindern. Wir hielten kurz in der Stadt, und die Onkel kauften eine riesige Taschenlampe für die Reise. Sowie Göttingen hinter uns lag, sagte meine Mutter: „Wir fahren nicht nach Wiesbaden, wir wollen versuchen, heute über die Schweizer Grenze zu kommen, sie machen vielleicht die Grenze zu wegen der Krise."

Das Rolldach unseres Autos war offen, der Himmel sah tief blau aus und die Landschaft wunderbar golden in der Sonne. Ich fühlte, daß die vier Erwachsenen völlig füreinander einstanden, und daß wir Kinder ganz dazugehörten. Ich wußte, daß von nun an ungewöhnliche Dinge von uns Kindern verlangt werden würden und war stolz, daß wir nun die wirklichen Sorgen der Erwachsenen würden teilen können. Ich dachte, wenn man als Kind schon nichts gegen die Nazis tun kann, wollte ich den Eltern wenigstens von nun an alles so leicht wie möglich machen. Wie immer sangen Christiane und ich im Auto Volkslieder und die Lieblingslieder „Die Gedanken sind frei" und „Freiheit, die ich meine". Onkel Dietrich, meine Mutter und Onkel Bethge sangen mit, Christiane meist zweite Stimme. Onkel Dietrich brachte uns einen Kanon bei „Über die Wellen gleitet der Kahn".

Onkel Dietrich erschien mir während dieser Fahrt, so wie ich ihn immer in Erinnerung habe: sehr stark und zuversichtlich, sehr freundlich und bestimmt. Bei Gießen hielten wir und hatten ein Picknick am Wegrand. Es war kein trauriges Picknick. Die Erwachsenen schienen mir nicht deprimiert, aber dann ganz plötzlich sagten sie, daß es spät würde, daß wir uns beeilen müßten. Die Grenze konnte

jederzeit geschlossen werden. Wir Kinder setzten uns hinten in unser Auto. Unsere Eltern stiegen vorn ein. Onkel Dietrich und Onkel Bethge blieben da und standen und winkten, bis sie winzig wurden und hinter einem Hügel verschwanden. Von nun an war die Fahrt nicht mehr fröhlich. Unsere Eltern fuhren, so schnell sie konnten. Sie redeten nicht, sie mußten sich konzentrieren. Die Atmosphäre war gespannt. Spät nachts kamen wir an die Grenze. Christiane und ich taten, als ob wir schliefen und böse wurden, daß man uns weckte, um die deutschen Grenzbeamten davon abzuhalten, unser Auto zu sehr zu durchsuchen. Meine Mutter hatte einen sehr braunen Wildledermantel angezogen, um die deutschen Beamten zu beruhigen. Sie ließen unser Auto durch, und die Schweizer ließen uns herein. Meine Eltern sollten die deutsche Grenze bis nach Kriegsende nicht mehr überqueren.
Das Gefühl der Befreiung, wenn man deutschen Boden verlassen hatte, und über die Grenze in ein freies Land fuhr, war damals so überwältigend, daß noch heute, nach 28 Jahren, ein Echo dieses Gefühls in mir aufsteigt, wenn ich über die deutsche Grenze in die Schweiz fahre."

Wir fuhren nun mit dem Wagen nach Zürich, um während der Krise alle Nachrichten rechtzeitig zu erfahren, und lebten in einem Hotel auf dem Zürichberg. Dreimal am Tag fuhren wir hinunter, um die Zeitungen zu lesen. Es waren zauberhafte Herbsttage, aber man genoß sie nur von ferne — ähnlich wie ein Kranker das Wetter von seinem Krankenbett aus erlebt.
Durch meinen Schwager von Dohnanyi wußten wir, daß ein Paßvermerk „J" für die „Nichtarier" eingeplant war. Und da wir nicht durch unzeitige Rückkehr in Deutschland eingeschlossen werden wollten, mit allen möglichen furchtbaren Konsequenzen für meinen Mann, hatten wir unsere Eltern

um ein Telegramm mit dem Codewort „paßt" gebeten, sobald der „J"-Plan durchkam. Als nun das Telegramm „Euer Kommen paßt jetzt nicht" bei uns in Zürich eintraf, wußten wir, daß wir nicht mehr nach Deutschland zurückdurften. Wir telegrafierten den Eltern, daß wir weiterreisen möchten, und nach ein paar Tagen erschien meine gute Schwester Ursula, bepackt, mit meinem Pelz über dem Arm, um die Kinder, die von der Paßschwierigkeit nicht betroffen waren, vorläufig zu meinen Eltern nach Berlin zurückzubringen, bis wir in England Fuß gefaßt haben würden. Wir schickten auch noch unseren Wagen, einen fast neuen Ford, nach Deutschland zurück, um nicht sofort von den nationalsozialistischen Behörden Göttingens Scherereien zu bekommen; denn damals hatten nur noch sehr wenige Professoren Autos, und das Fehlen des Wagens wäre schnell aufgefallen.

Wir fuhren über Frankreich nach England. Die Fahrt nach Calais schien mir endlos und farblos. Es drängte uns nach England, das uns im Nebel empfing. Wir reisten auf eine Einladung ein, die uns ein befreundeter Pfarrer geschickt hatte, mit dem Gepäck, das wir bei unserer Ausreise im Wagen untergebracht hatten. Wir waren noch nie in England gewesen, es hatte uns früher immer mehr nach dem Süden gezogen, so daß wir in ein uns völlig unbekanntes Land kamen.

ALS VERTRIEBENE HITLERS IN ENGLAND

Erste Kontakte in London

Der Heimatboden zieht uns alle an mit seiner Süße
und läßt uns seiner nie vergessen.
Großer Tugend Anfang besteht darin zu lernen,
daß das geprüfte Gemüt
diese sichtbaren Heimaten als vergängliche
zuerst zu vertauschen und schließlich zu verlassen lernt.
Der ist ja noch zart, dem das Vaterland süß ist.
Stark aber der, dem jeder Boden Heimaterde ist.
Vollkommen erst der, dem die ganze Welt Exil ist.
Ich bin von Kindheit an im Exil gewesen
und weiß, mit welcher Trauer
das Gemüt den engen einstigen Umkreis verläßt,
mit welcher Freiheit
es später die marmornen Paläste nachlässig behandelt.

Hugo von St. Victor — 12. Jahrhundert
Übersetzung von E. Rosenstock-Huessy

Die Reise nach London verging sehr still, es ist ja nicht üblich, mit Mitreisenden zu sprechen. Die Menschen verschlangen die Abendzeitungen und rauchten ihre Pfeife dazu, hin und wieder „Entschuldigung" murmelnd, wenn einer beim Umblättern den Nebensitzenden etwas berührt hatte. Ein Gefühl, daß von nun an nichts mehr übersehbar sei, stieg auf.
Victoria Station erschlug uns. Das Gewirr der fremden Sprachklänge, der Menschenandrang, das Tempo der Ab-

fertigung der Ankommenden durch die eiligen Porter mit ihren uns unverständlichen Fragen, die Taxis, die bis an den Bahnsteig gefahren kommen, die Gerüche, alles war sehr fremd.

Pfarrer Boeckheler, den ich aus Jugendtagen in Tübingen vom Rudern auf dem Neckar und von schönen Musikabenden in seinem Elternhaus kannte und der nun Pfarrer der deutschen Gemeinde in Sydenham war, holte uns ab. Er war der Nachfolger meines Bruders Dietrich und bewohnte das victorianische Pfarrhaus in Forest Hill, das mein Bruder verlassen hatte, um seine Tätigkeit in der Bekennenden Kirche in Deutschland wiederaufzunehmen.

Wir fuhren dreiviertel Stunden durch die Stadt. Es war bereits dunkel, die Lichter schienen matt durch den Londoner Novembernebel, und die Stimmung gefiel mir. Gleich bekamen wir den ersten überwältigenden Eindruck von dem Menschenstrom in der Hauptverkehrszeit.

Die Pension, von Miß Sharp, einer liebenswürdigen, fleißigen Methodistin geleitet, lag in einem alten baumreichen Garten im Südosten Londons, ein altes blankgeputztes, unpraktisches Haus, das ungefähr fünfzehn Pensionsgäste aufnehmen konnte. In einem hellblauen Overall und gleichfarbigem Häubchen auf dem silbergrauen Haar sah man hier morgens Miß Sharp mit ihrem Staubwedel bewaffnet, oft leise Melodien summend, wirken. Mittags verwandelte sich Miß Sharp in eine aufmerksame Hostess, nachmittags reichte sie den Tee, der im Wohnzimmer ausgeschenkt wurde, gab Klavierstunde und dirigierte das Abendessen und später noch den Kirchenchor in ihrer Methodistengemeinde. Wir waren hier in eine neue Welt versetzt; keiner der Pensionsgäste sprach ein Wort Deutsch. Mein Mann konnte nur sehr wenig Englisch; im humanistischen Gymnasium hatte der Turnlehrer Englisch gelehrt! Wie Werner Finck sagte: „Englisch für den Schulgebrauch, aber wehe,

wenn man ins Ausland fuhr!" Mein Englisch war etwas besser.
Wir bezogen ein Zweibettzimmer mit drei großen schönen Schiebefenstern, durch die allerdings der Wind tüchtig blies, und wenn man keine Holzstückchen dazwischensteckte, ließ einen das Rattern nachts nicht schlafen. Man schlief den ganzen Winter ungeheizt; es gab zwar einen Gasofen, den man sich tags anzündete, indem man immer wieder einen Shilling in einen Münzschlitz warf, aber man mußte nahe daran sitzen, um seine Wärme zu spüren. Im Zimmer blieb es stets kalt. Mehr als 12 Grad Celsius konnten wir nicht erzielen. Die Nebeltage waren aber durch das frühe Dunkel und die eigenartige Beleuchtung draußen auch irgendwie gemütlich und wirkten sammelnd auf unsere unruhigen Gemüter, die immer davon bewegt waren, wie es weitergehen und ob sich ein Wirkungskreis für Gert finden würde.
Am ersten Vormittag besahen wir uns die Gegend, in der wir gelandet waren, nachmittags ging es dann schon an die Arbeit des Besuchemachens. Dietrich hatte uns alle Adressen seiner Bekannten und Freunde gegeben, und wir saßen bereits am Nachmittag auf dem Oberdeck des roten Autobusses, der uns in 45 Minuten vorbei an Londons Menschen, Wohn- und Geschäftshäusern und Parks hinein in die City brachte.
Zuerst traf man sich meist im „Strand", einem von Refugiés und Ausländern bevorzugten Hotel, und die Gespräche drehten sich immer um dieselben Sorgen. Manche Flüchtlinge, die schon 1933 gekommen waren, hatten bereits etwas gefunden. Wenngleich häufig unter ihrem Niveau arbeitend, waren sie doch eingegliedert, und ihre Zukunft hatte begonnen. Es waren allerdings nicht die Juristen. Wir hörten von einem Kammergerichtsrat, der die Straße kehrte, und einem Anwalt, der Fahrstuhlführer war.

Wir machten nun viele Besuche. Dietrichs englische Bekannte, vor allem englische Juristen, wurden aufgesucht, doch nirgends zeigte sich eine geeignete Arbeit für einen Staatsrechtler. Aber wir waren ja erst am Anfang und hatten noch Illusionen.

Kaum waren wir einige Tage in England, kamen die sehr beunruhigenden Nachrichten von dem Pogrom am 9. November 1938 in Deutschland. Unsere Kinder waren noch in Berlin bei meinen Eltern. In Göttingen las man folgendes: „Wir brauchen in Göttingen nicht zu verschweigen, was sich in der Nacht zum 10. November 1938 zugetragen hat. Wer dafür kein Verständnis aufbringt, ist unfähig, die Stimme des Volkes zu verstehen. Wir haben gesehen, daß der Tempel des rachsüchtigen Judengottes an der Oberen Maschstraße in Flammen aufgegangen ist ... Angesichts der jüngsten Ereignisse darf auch in unserer Stadt nichts mehr an eine Rasse erinnern, die unter den Völkern der Erde schlimmer als die Pest wütet."

Bei diesen Pogromen, in deren Verlauf Juden auf beschämende Weise gequält wurden, sind nach mündlichen Aussagen SA-Studenten in hervorragendem Maße beteiligt gewesen. Ein SA-Studentensturm zertrümmerte beispielsweise die wertvolle Porzellansammlung des Juden Raphael Hahn. Ein Dozent wurde am Morgen nach der „Kristallnacht" von seinem Hausmeister angesprochen: „Schade, Herr Doktor, daß Sie heute Nacht nicht dabei waren. Da war was los!"

Das Entsetzen über das Niederbrennen der Synagogen war in England groß. Bald hörte man detaillierter auch von den Zerstörungen der jüdischen Geschäfte und über die „Kristallnacht".

Gerts tüchtiger, fleißiger jüngster Bruder, der nun seine vom Vater geerbten Sommerfelder Tuchfabriken gerade in „arische Hände" übergeben mußte, war noch in Berlin, und wir waren in großer Sorge. Dadurch, daß er bei ausländischen Bekannten in Berlin Schutz fand, verlor die Gestapo seine Spur. Er beschleunigte seine Auswanderung und traf bald bei uns in London ein, um von dort nach Melbourne auszuwandern. Seine tapfere schweizer Frau hatte sich schon zur Geburt ihres ersten Kindes nach London begeben, denn das Kind sollte nun „British born" zur Welt kommen.

Hans Leibholz, Gerts ältester Bruder, der schon einige Jahre vor uns mit seiner Frau nach Holland ausgewandert war, hatte sich dort gerade etwas eingelebt; er hatte noch seine schönen Möbel, seine Bibliothek, die er sorgfältig und mit viel Verständnis und bibliophilem Geschmack zusammengetragen hatte, mitgenommen. Er war Landgerichtsrat gewesen, freilich war er nun in Holland nicht mehr als Jurist tätig, sondern arbeitete kaufmännisch, was ihn hin und wieder nach London führte. Er war kein einfacher Mensch und machte sich und seinen Mitmenschen das Leben nicht leichter. Er tat mir oft sehr leid, aber ich kann nicht sagen, daß er mir in seinem Wesen nahestand.

Wir waren noch viel mit Gerts Brüdern zusammen. Man wußte ja nie, wie oft einen die Zukunft noch zusammenführen würde. Ende Mai 1940, nachdem die Deutschen in Holland eingefallen waren und viele Menschen jüdischer Abkunft in Konzentrationslager bis nach Polen verschleppt hatten, hat sich mein Schwager Hans Leibholz das Leben genommen, zusammen mit seiner einst so lebensfrohen „arischen" Frau. Beide hatten nicht mehr die Kraft, sich noch den Torturen eines Konzentrationslagers auszusetzen. Es müssen furchtbare Tage und entsetzliche Stunden diesem Entschluß vorangegangen sein.

Wir lehnten die Hitlerische Bezeichnung „Emigranten" ab, weil sie einen diskriminierenden Unterton hat. Die Engländer und wir selbst nannten uns „refugees". Berthold Brecht gibt in seinem Gedicht „Über die Bezeichnung Emigranten" den Unterschied der beiden Begriffe sehr charakteristisch wieder:

Immer fand ich den Namen falsch,
den man uns gab: Emigranten.
Das heißt doch Auswanderer.
Aber wir wanderten doch nicht aus,
nach freiem Entschluß wählend ein anderes Land.
Wanderten wir doch auch nicht ein
in ein Land, dort zu bleiben,
womöglich für immer.

Sondern wir flohen.
Vertriebene sind wir, Verbannte.
Und kein Heim, ein Exil
soll das Land sein, das uns aufnahm.
Unruhig sitzen wir so,
möglichst nahe den Grenzen,
wartend des Tags der Rückkehr,
jede kleinste Veränderung jenseits der Grenze beobachtend,
jeden Ankömmling eifrig befragend,
nichts vergessend und nichts aufgebend.
Und auch verzeihend nichts, was geschah,
nichts verzeihend.

Ach, die Stille der Stunde täuscht uns nicht!
Wir hören die Schreie
aus ihren Lagern bis hierher.
Sind wir selber fast wie Gerüchte von Untaten,
die da entkamen über die Grenze.
Jeder von uns,
der mit zerrissenen Schuhn durch die Menge geht,

zeugt von der Schande, die jetzt
unser Land befleckt.
Aber keiner von uns wird hierbleiben.
Das letzte Wort ist noch nicht gesprochen.

England erleichterte die Seele. Etwas ganz Schweres fiel ab: Die Sorge um das Leben meines Mannes und das unserer Kinder. Das kann man niemals vergessen. Alles Unbequeme, das mit dem täglichen Leben zusammenhing, finanzielle Beschränkungen, Kälte, Beengung, Verlust von Haus, Auto und dienstbaren Geistern, alles das wirkte sich zwar jetzt aus, wurde aber doch ganz klein und unwesentlich. An Haus und Möbel habe ich fast nie mehr zurückgedacht. Etwas anders empfand ich dies allerdings einige Jahre später, als unsere Töchter heranwuchsen, und wir soviel Häßlichkeit in den möblierten Wohnungen schlucken mußten, daß ich oft fürchtete, unsere Töchter würden gar keinen Blick mehr für eine schöne Häuslichkeit bekommen. Das Wort, daß in ein großes Unglück „das Herz sich endlich finde, doch wehe tut's, des Lebens kleine Zierden zu entbehren", ging mir hier auf. Jetzt aber nahm uns das Neue noch ganz gefangen.
Drüben in Deutschland hütete inzwischen meine Tante Elisabeth von Hase mit der Köchin das Haus. Wir hatten nicht die Absicht, es zu verkaufen. Unser Buchhändler, Robert Schmidt, der auch ein Gegner des Hitler-Regimes war, war sehr hilfsbereit und schickte uns Bücher aus unserer Bibliothek in großen Paketen nach England heraus. Eines Tages schickte er sogar eine Kiste ab und packte meine Geige dazu, die meine Tante ihm gegeben hatte. Musik spielte in ihrem Leben eine große Rolle, und die Vorstellung, daß ich ohne meine Geige sei, schien ihr unerträglich für mich. In Wirklichkeit spielte ich aber schon lange nicht mehr. Kurzum, diese Geige wurde der Stein

eines starken Anstoßes, denn die Kiste nahm den Weg über den Zoll, womit Herr Schmidt nicht gerechnet hatte, und die Zollfahndungsstelle wurde aufmerksam.
Die alte Lina, die öffnete — und über die Judenverfolgung schon aus ihrer vorherigen Stelle Bescheid wußte — kam mit erhobenen Armen zu meiner Tante gelaufen: „Sie kommen, sie kommen!" — was nicht gerade geschickt war. Meine große, stattliche „arische" Tante, die mit ihren beinahe 67 Jahren noch ihre zwei blonden Zöpfe um den Kopf geschlungen trug, behielt ihre ruhige Würde, sie erstaunte erst die gebieterisch auftretenden „Herren" und setzte sie „auf ihren Platz". Aber dann begann doch das Aushorchen, Schnüffeln und Befingern der Sachen. Die Leute durchsuchten das ganze Haus. Auf dem Schreibtisch meines Mannes stand noch ein Bild von mir, auf dem ich eine Perlenkette aus altem Familienbesitz trug, sofort wurde der Mann klotzig und schnarrte:
„Wo ist der Schmuck der Jüdin?"
Meine Tante erwiderte: „Erstens ist meine Nichte keine Jüdin, zweitens vermute ich, daß sie ihre Perlenkette um ihren Hals hat, wo sie sie immer trägt."
Danach wünschten die Gestapoleute auch noch das Gastzimmer zu sehen, das meine Tante bewohnte. Nun hatte meine Tante einige, den Nazis anrüchige Bücher schon aus der Bibliothek genommen und in ihrem Zimmer versteckt und hatte die Briefe der Rosa Luxemburg, in denen sie gerade las, nur noch schnell unter ihr Kopfkissen geschoben in der trügerischen Vorstellung, daß die „Herren" dort nicht schnüffeln würden. Natürlich spürten sie das Buch auf und gaben ihre Kritik darüber ab, wie auch über „diese Sorte von Aristokraten", die „diese Sorte Bücher lesen" und denen sie schon auf die Spur kommen würden! Meine Tante bekam nun erst einmal acht Tage Hausarrest. Sie wandte sich an ihren Neffen, Rüdiger von der Goltz,

der leider früher einmal Goebbels verteidigt hatte, Staatsrat war und als Führer der deutschen Wirtschaft hoch rangierte. Später verteidigte er allerdings auch den General von Fritsch gegen die Verleumdungen der Nazis. So wurde der Arrest nach acht Tagen aufgehoben. Nach dieser Untersuchung wurde unser Vermögen gesperrt.
Da meine Verwandten befürchteten, daß die Sachen in Göttingen ohne Aufsicht vielleicht gestohlen, geplündert oder beschlagnahmt werden würden, wurden die wertvolleren Dinge, darunter auch unser Flügel, zu einem uns befreundeten Rechtsanwalt in seine Berliner Wohnung genommen, wo sie später den Bomben anheimfielen. Einiges, das wir unseren Eltern gegeben hatten, holten sich 1945 die Russen aus ihrem Safe oder von dem Gut der Frau von Kleist, wo man sich zuerst Sicherheit versprochen hatte. Einiges überdauerte in Göttingen in einer Lagerhalle. Eine der wenigen Bomben, die auf Göttingen fielen, blies das Dach weg, so daß der Regen hineinströmen konnte. Bücher wurden zu Papiermaché; nur manche Möbel waren noch aufarbeitungsfähig. Nun, ich hatte überhaupt nicht mehr mit ihnen gerechnet.

Die Adventstage in England 1938, der Gedanke an die Kinder, mit denen wir sie immer gefeiert hatten, an meine Eltern und Geschwister in Deutschland, unsere noch so ganz aussichtslose Lage brachten mir ein starkes Heimweh. Als nun eine wohlmeinende englische Dame mir noch deutsche Weihnachtslieder auf dem Grammophon vorspielte, da überkam mich das heulende Elend. Ich beschimpfte mich dafür. Doch auch eine Sehnsucht nach Wald und schönen Wegen, nach Waldwiesen, nach Wald- und Erdgeruch wurde überwältigend.
Kurz vor Weihnachten brachten unsere Eltern unsere Töch-

ter nach Holland. Rührend hatten sie die Kinder auf der Reise betreut und alle ihre Kleidungskoffer mit Sachen „auf Zuwachs", wie meine Mutter sagte, für die Auswanderung mitgenommen. Beide Eltern sahen müde aus. Wir hatten herrliche klare Wintertage und feierten Weihnachten in dem zauberhaften Haus der Cousine meiner Mutter. Dort gab es noch einmal einen vierten Adventssonntag mit schönen Weihnachtsliedern. Meine Eltern hatten nur zehn Tage Zeit, aber wir haben alle das Beste daraus gemacht. Mit meinem Vater ging ich in das Frans-Hals-Museum, wir sahen auch die Brueghels, und ihn interessierten die flämischen Physiognomien. Wir liefen zu Fuß durch die Stadt, der Wind blies scharf, aber diese eisige Kahlheit hatte ihren Reiz. Als wir uns von den Eltern trennten, in der Gewißheit, daß wir sie für lange nicht mehr in Deutschland besuchen durften und die Eltern vielleicht bald zu alt zum Reisen sein würden oder ein Krieg uns trennen würde, war uns sehr traurig zu Mute.

Im Januar 1939 erhielten wir vom Bischof von Chichester, mit dem Dietrich befreundet war, eine Einladung. Wir sollten für ein Wochenende zu ihm kommen und auch die Kinder mitbringen. Der Bischof von Chichester war fünfundfünfzig Jahre, er war in Westminster und Oxford erzogen und ehemaliger Oxforder Professor. In den zwanziger Jahren war er Dekan von Canterbury und seit 1929 Bischof von Chichester. Später war er Mitglied des Oberhauses. Er stand früher auch in der sozialen Arbeit und hatte sich besonders der Arbeiterwohnungen angenommen. Durch seine Freundschaft mit meinem Bruder war er über den deutschen Kirchenkampf orientiert wie kein zweiter in England, und er unterstützte die Bekennende Kirche in ihrem Konflikt mit dem nationalsozialistischen Regime. Er setzte sich sehr für alle Bewegungen ein, die der Einheit der Kir-

chen und der Zusammenarbeit aller Bekenntnisse auf internationalem und sozialem Gebiet dienten.
Das waren noch schöne Tage. Der alte Palast und die herrliche Kapelle, der schöne Garten mit dem gepflegten Rasen, die bewachsenen Mauern, die großen hohen Räume mit den offenen Feuern, vor denen Mrs. Bell und der Bischof uns reizend empfingen, alles war ja ganz neu für uns und sehr interessant.
Beim Tee waren wir noch mit unseren Gastgebern im Salon allein. Die Kinder sangen ihnen ihre ersten englischen Weihnachtslieder vor. Gegen 6 Uhr war bereits das Abendgebet in der Kapelle, das auch für die Kinder ein großer Eindruck war. Zum Dinner fanden sich dann noch mehr Gäste ein. Plötzlich sah ich ein mir bekanntes — jedoch sehr verändertes — Gesicht vor mir. Es war ein Jugendbekannter, ein früheres Nachbarskind, Juristensohn aus dem Grunewald, der später selbst Jurist geworden war. Er war völlig kahlgeschoren und war gerade aus einem nationalsozialistischen Konzentrationslager mit der Drohung entlassen worden, nichts zu erzählen — und er hielt sich auch hier in Chichester noch daran! Aber wir hatten natürlich sehr vieles auszutauschen; er wollte mit Frau und Kindern nach den USA weiterwandern.
Nach dem Dinner, das an einer langen wunderschönen Tafel eingenommen und von gewandten Bediensteten serviert wurde, traf man wieder im Gesellschaftszimmer zusammen, wo dann „Antonius und Cleopatra" mit verteilten Rollen gelesen wurde. Die Schönheit der englischen Sprache, die so oft bestritten wird, überwältigte mich.
Am nächsten Morgen um 7 Uhr klopfte ein Zimmermädchen und brachte uns zwei hübsche Tabletts mit dem herrlichen, duftenden Morgentee, sie öffnete die Keksdose, die auf unserem Nachttisch stand und wollte uns Kekse anbieten; wir hatten von dieser Bestimmung der hübschen

Familie Leibholz 1950/51
nach der Rückkehr nach Deutschland

Dose nichts geahnt und hatten zu unserer Schande die Kekse bereits am Abend als „Betthupferl" verspeist. So zog sie erstaunt davon, um die Büchse neu zu füllen, brachte die Schuhe herein, zog die Vorhänge zurück und wünschte einen guten Morgen.
Nach der Andacht in der Kirche war das Frühstück bereitet. Der Bischof selbst reichte die Schälchen mit dem Haferbrei und der Sahne und später Schinken und Eier, die auf der Anrichte warmgestellt worden waren. Mrs. Bell füllte die Teetassen, ein Mädchen brachte frischen, heißen Toast und Orangenmarmelade. Ein riesiges Holzfeuer loderte in dem größten Feuerplatz, den ich je in England sah, und doch fror man etwas in diesem riesigen alten Eßsaal. Das Gespräch ging um den Kirchenkampf, die Ökumene und die Plazierung der Refugié-Pastoren.

Anfang 1939 mehrten sich in England die Stimmen derer, die gegen die Beschwichtigungspolitik Chamberlains waren. Allenthalben hörten wir Anklagen, die ihn mit dafür verantwortlich machten, daß Hitler mit immer neuen Forderungen kam, und es herrschte nicht nur bei den Labouranhängern großer Unwille gegen seine Politik. Man war wachsam geworden und wollte sich nicht mehr täuschen lassen. Eines Tages hingen plötzlich Anschläge auf der Bahn und an den Bretterwänden: „Wir müssen vorbereitet sein." Wir fanden das auch und wunderten uns nur, daß davon noch so wenig zu merken war.
Im März 1939 besuchte uns Adam von Trott zu Solz, der sehr gute Beziehungen zu englischen Politikern wie Lord Lothian und Lionel Curtis hatte. Er versuchte vor Hitlers Expansionsplänen zu warnen und empfahl resolutes Entgegentreten, jedoch ohne Erfolg. Gert war seit einiger Zeit von einer Trigeminus-Neuralgie geplagt, die sich an eine Grippe angeschlossen hatte. Die politischen Gespräche fan-

den infolgedessen an seinem Bett statt. Später traf er sich dann noch einmal mit Trott bei einem englischen juristischen Freund, aber die meisten Konservativen ließen sich in ihrer Beschwichtigungspolitik noch nicht stören und lebten in der Illusion, auf diese Weise den Frieden am besten zu sichern. Oft hörte ich im Hinblick auf Hitler: „Oh, sein Bellen ist schlimmer als sein Biß!"
Auch die Hoffnung, daß Hitler als Vortrupp gegen Sozialismus und Kommunismus zu brauchen sei, wurde gern ausgesprochen. Zu spät — erst als das sowjetrussisch-deutsche Bündnis zustande kam — gingen vielen die Augen auf. Die Friedensbeteuerungen Hitlers hatten zahlreiche Engländer eingeschläfert.

Dietrich hatte im September 1938 in unserem Göttinger Haus noch sein „Gemeinsames Leben" geschrieben, und er hatte uns seine „Nachfolge" mit dem Gruß: „Dies einstweilen, ich komme bald nach" zugeschickt. Kurz darauf traf Gertrud von Le Forts Buch „Die Letzte am Schafott" ein. Auf das erste Blatt hatte Dietrich geschrieben: „ich weiß" — was mich sehr bedrückte. Ich vermochte aber nicht mehr, mit ihm darüber zu sprechen.
Lange freuten wir uns nun schon auf Dietrichs Besuch. Er hatte gehofft, unseren gemeinsamen Geburtstag mit mir in England zu feiern, aber es gelang nicht. So schrieb er nach London:

1. FEBRUAR 1939

Liebe Sabine!

Ich denke in diesen Tagen besonders zu Dir und Euch allen hin und feierte gern mit Euch. Wie oft hatten wir uns das schon vorgenommen, wieder einmal zusammen Geburtstag zu feiern. Nun ist alles sehr anders geworden.

Neulich fiel mir ein, daß es doch irgendwelche Gesetze der Zwillingsforschung gibt — ich glaube nur, sie gelten eigentlich nicht für uns —, daß bestimmte Zwillinge oft die gleichen Lebenserfahrungen machen, auch wenn sie gar nicht beieinander leben. Ich muß sagen, bis zu einem gewissen Grade scheint das doch zu stimmen, jedenfalls, wenn wir uns mit unsern Geschwistern vergleichen. Es ist uns beiden jedenfalls in der letzten Zeit anders ergangen als man sich einmal gedacht hat, wenn auch jedem in seiner Weise. Insofern können wir vielleicht auch unsre Lebenswege gegenwärtig besonders gut verstehen. Es ist ja im Grunde ein und dieselbe Sache, die unser Leben so entscheidend bestimmt hat und ihm die unerwartete Wendung gab. Aber wie dem auch sei, jedenfalls werden wir am 4. sehr aneinander denken und uns von allerlei guten Wünschen weniger versprechen als vom wirklichen Eintreten füreinander. Ich freue mich nun schon sehr auf das Wiedersehen. Gewiß werden Euch die Kinder den 4. schön und fröhlich feiern helfen. Ich schicke Dir mit Eberh. Bethge zusammen das Ludwig-Richter-Buch, das Dir vielleicht auch für die Kinder Freude macht. Es ist so ein Stück gemütvolle Vergangenheit, die man sich erhalten muß . . . Hoffentlich kommt es rechtzeitig an.
Nun leb wohl und grüße alle! Dich grüßt herzlich

Dein Dietrich

Am 11. März kam Dietrich. Er brachte Eberhard Bethge, seinen Schüler und Freund, den wir schon kannten und sehr gern hatten, aus seinem Predigerseminar in Finkenwalde mit. Es war, als wenn einen plötzlich jemand stützte; einen Zufluß von Kraft und Mut spürten wir beide, Gert und ich. Von Dietrichs kraftvoller Natur ging sehr viel Fröhlichkeit aus, obwohl ja die Zeit gar nicht so hell war. Traurig habe ich Dietrich wohl manchmal gesehen, aber

nie sah ich ihn mürrisch oder grämlich. Es gab Menschen, die sagten, die Sonne ginge auf, wenn er ins Zimmer träte. Er konnte so rückhaltlos fröhlich sein.
Nun wollte er uns vieles in London zeigen. Auch die Kinder mußten mit, und ich entsinne mich mit Freude an die verschiedenartigsten Unternehmungen, wie den Ausflug nach Hampton Court, Kew Gardens, Besuche von St. Pauls, des Towers, des Buckingham Palace, auch an Filmbesuche und vieles andere, vor allem auch Besuche von alten Freunden. Eineinhalb Jahre hatte Dietrich ja als Pfarrer in den deutschen Gemeinden Londons St. Paul und Sydenham gearbeitet und wußte daher viel mehr von England und vom englischen Leben als wir.
Der englische Frühling 1939 war zauberhaft. Forest Hill, neben Sydenham, ist höher gelegen, und es gibt von dort schöne Blicke besonders auf das abendliche London. Es ist eine alte Villengegend, und in Miß Sharps Garten konnten wir damals schon miteinander sitzen und mit den Kindern Ball spielen. Dietrich zeigte uns gleich das klassische englische „Dart"-Spiel, bei dem man mit gefiederten Pfeilen nach einer Zielscheibe wirft. An gemeinsamen Spielen hatte er sein Leben lang viel Spaß. Er stieg auch hinauf zu den Kindern, wenn sie schon im Bett lagen, und sang ihnen das Lied vor: „Mache zuschanden alle, die Dich hassen, die sich allein auf ihre Macht verlassen", er machte die Kinder auch auf die Verse aus dem Liede „Herzliebster Jesu" aufmerksam, die in der Matthäus-Passion nicht gesungen werden:
„Ich werde dir zu Ehren alles wagen, kein Kreuz nicht achten, keine Schmach noch Plagen, nichts von Verfolgung, nichts von Todesschmerzen nehmen zu Herzen. Wenn dort, Herr Jesu, wird vor deinem Throne auf meinem Haupte stehn die Ehrenkrone, da will ich dir, wenn alles wohl wird klingen, Lob und Dank singen."

Die Matthäus-Passion hatten wir zusammen mit Dietrich und den Kindern in London gerade gehört. Dietrich lehrte die Kinder auch das Lied:
„Mir nach, spricht Christus, unser Held, mir nach, ihr Christen alle! Verleugnet euch, verlaßt die Welt, folgt meinem Ruf und Schalle; nehmt euer Kreuz und Ungemach auf euch, folgt meinem Wandel nach.
Fällt's euch zu schwer, ich geh voran, ich steh euch an der Seite, ich kämpfe selbst, ich brech die Bahn, bin alles in dem Streite. Ein böser Knecht, der still mag stehn, sieht er voran den Feldherrn gehn."
Dieses Lied sangen wir dann nach Dietrichs letzter Predigt mit seiner alten Londoner Gemeinde in der Kirche von Sydenham, die heute „Dietrich-Bonhoeffer-Kirche" heißt. Viel Freundlichkeit brachten uns der Pfarrer Boeckheler und seine tüchtige, warmherzige Schwester entgegen. Er war damals der Pfarrer für die deutschen Gemeinden von St. Pauls und Sydenham. Sonntags luden sie uns oft zu Tisch. In seinem Pfarrhaus standen noch einige Möbel meines Bruders, die mich sehr heimatlich berührten. Auch mit Dietrich waren wir sehr oft zusammen dort, und Dietrich saß dann meist gleich am Flügel und spielte. Die schwäbischen Gerichte, die die Schwester Boeckheler auftrug, erfreuten die deutschen Geschmäcker. Sehr einfühlend und hilfsbereit nahm sich auch Pfarrer Julius Rieger, ein Freund Dietrichs aus der Londoner Zeit, der deutschen Refugiés an, und auch seine immer fleißige Frau war rührend in ihrer Fürsorge für die Flüchtlinge und half, wo sie konnte, obwohl sie selbst eine große Familie zu betreuen hatte.
In jenen Londoner Wochen überlegten wir alle mit Dietrich, was er im Falle seiner Einberufung in Deutschland am besten tun solle. Die Bekennende Kirche hatte ihre Einstellung zur Wehrpflicht nicht festgelegt, und Dietrichs Überlegungen schwankten zwischen Kriegsdienstverweigerung,

Auswanderung, Missionsdienst oder Sanitätsdienst. Der Dienst mit der Waffe für Hitlers Krieg kam für ihn nicht in Frage. Zu etwas anderem als Sanitätsdienst war er nicht bereit. Ich sehe ihn noch, wie er einen Brief an den Bischof von Chichester schrieb, um von ihm Rat zu erbitten. Auch seine amerikanischen Freunde befragte er.

Am 15. März hörten wir im Radio, daß der tschechoslowakische Staatspräsident Hacha von Hitler so unter Druck gesetzt worden war, daß er den Vertrag für ein Reichsprotektorat Böhmen und Mähren unterschrieb. Gleich darauf fuhren die deutschen motorisierten Kolonnen in die Tschechoslowakei ein. Am 16. März war es mit dem Vertrauen der Welt in das Wort Hitlers nun endgültig vorbei. Schon eine Woche später drängte Hitler die Polen zur Rückgabe Danzigs, und die BBC berichtete von der Teilmobilmachung im polnischen Korridor und von der Ablehnung der Hitlerforderungen. Darauf hörten wir am nächsten Tage vom Einmarsch Hitlers in das Memelland.

Trotz allem kam der Frühling mit Macht. Die Forsythien und der dunkellila Flieder blühten zauberhaft und üppig in den alten Gärten Forest Hills, und die Osterglocken leuchteten aus den Wiesen der Parks, von einem unruhigen Frühlingswind bewegt.

Bald hörte man wieder sehr erregte Kritik über die Beschwichtigungspolitik. Chamberlain kündigte nun in seiner Birmingham-Rede an, daß es damit vorbei sei. Uns schien dies recht verspätet. Als England dann am 27. April die allgemeine Wehrpflicht einführte, sahen viele dies als ein ernstes Zeichen an, und die Menschen in London waren sehr bedrückt.

Inmitten dieser beunruhigenden Nachrichten ging der Alltag weiter. Dietrich besuchte alte Gemeindeglieder und genoß es, wieder in England zu sein und es seinem Freunde Eberhard Bethge zu zeigen. Viele alte Bekannte von Dietrich wollten ihn wiedersehen, und Dietrich wollte uns überall einführen. So waren wir viel unterwegs. Ich entsinne mich auch noch daran, wie Dietrich mit einer achtzehnjährigen früheren Konfirmandin, die bei dem verwitweten Vater nicht mehr bleiben, sondern ein eigenes Leben führen wollte — denn sie sei doch ein unabhängiges Menschenkind — große Mühe hatte, dem Mädchen seine Vorstellung von seiner Ungebundenheit auszureden. Er sagte ihm: „So etwas gibt es nicht für einen Christen."

Einmal gingen wir in London in einen Film. Es wurde damals in England im Kino viel geraucht. Dietrich wollte sich während der Vorstellung auch eine Zigarette anzünden, aber als er im Dunkeln ein Streichholz anriß, fing die ganze Schachtel Feuer. Wir saßen dicht gedrängt, so behielt er sie mit einer schnell hochschießenden Flamme einfach auf seinem Handteller, bis er sie ohne Gefahr für uns auf dem Boden austreten konnte. Seine Disziplin hatte ihm freilich eine große Brandblase über den ganzen Handteller eingetragen. Genauso selbstverständlich lief er in die nächste Drogerie, um die Hand zu versorgen. Dann aber wollte er zurück zum Film.

In jenen Tagen fand Dietrich unsere Unterbringung bei Miß Sharp höchst unzureichend und meinte, wir müßten „sehr bald eine anständige Wohnung nehmen". Freilich, er war ein Optimist in bezug auf die Berufsaussichten in England für einen Professor des deutschen Staatsrechts! Ein gewisses Recht zum Optimismus in dieser Richtung hatten nur die Naturwissenschaftler. Selbst bewährte Klinikchefs mußten ihre medizinischen Examina in England und Amerika wiederholen. Wir mußten uns nach unserer Decke strecken. So erwogen wir vorerst keine Veränderung. Ich weiß noch, wie schauerlich Dietrich unser Zimmer fand, das uns eigentlich ganz gemütlich schien, wenn freilich auch sehr anders, als wir es gewohnt waren.

Eines Morgens schlug Dietrich vor, auf den Caledonian Markt zu gehen. Er ist etwas Einmaliges, eine Mischung von Trödel- und Antiquitätenladen auf freiem Marktplatz. Dort erstand er für fünf Pfund eine aus blauem Tuch gearbeitete, mit Goldfäden bestickte Diwandecke aus Indien, die hübsch in unser Zimmer paßte, „damit Du auch etwas Schönes im Zimmer hast". Sein Freund Eberhard Bethge wollte gern ein Blasinstrument erwerben, aber da meinte Dietrich, Geld dürfe in England nur für uns Ausgewanderte ausgegeben werden. Die Devisenzuteilung für die Deutschen war ja knapp.

Ein weiterer Platz, an dem man eigentlich immer ein paar interessierte Engländer sowie deutsche und österreichische Nazi-Verfolgte traf, war die Buchhandlung Hans Preiss, nahe dem Britischen Museum. Wir führten Dietrich auch dorthin. Hier wurde gelesen und Politik gemacht, Bücher verkauft und gekauft. Es war eine ausgezeichnete Buchhandlung, der Inhaber selbst „Emigrant" und politisch glühend interessiert. Oft erschienen hier auch die Pfarrer Rieger und Büsing, und wer von der Arbeit aus dem Britischen Museum kam, schaute gern bei Preiss herein.

Manches Mal gingen wir dann noch zusammen zum Lunch zu Lyons oder bei festlicheren Gelegenheiten auch zum Restaurant Schmidt „deutsch mittagessen". Pfarrer Rieger war oft der freundliche Gastgeber. Dem Londoner Bankier Baron Schröder verdankte er manchen Scheck für die Refugiés, die in ernster finanzieller Not waren. Besonders wenn Krankheit dazukam, wurden die Verhältnisse oft katastrophal, denn es gab damals noch keinen ausreichenden Gesundheitsdienst, und die Arztkosten waren sehr hoch. Das Hitlertum hat auch hier noch seine grausamen Folgen spüren lassen, denn vielen blieb nichts anderes übrig, als ihre Krankheit allein zu behandeln oder sie zu ignorieren und sich zu quälen.

Als Dietrich und Eberhard Bethge wieder nach Deutschland zurückfuhren, durften wir auf ein ganz baldiges nochmaliges Treffen in London hoffen, denn Dietrich hatte sich mit Professor Niebuhr, dem Leiter des „Union Theological Seminary" in New York, der sich gerade an Englands Südküste erholte, getroffen. Er besprach mit ihm seine Situation und fragte ihn, ob er in New York Vorlesungen halten könne, und ließ durchblicken, daß er eventuell im Kriegsfall drüben bleiben würde. Noch stand die Antwort aus, aber Niebuhr hatte sich sogleich telegraphisch für Dietrich in den USA eingesetzt. So war der Abschied leichter.

Nachdem wir 12 Jahre unserer Ehe ohne finanzielle Sorgen gelebt hatten, mußte jetzt jeder Pfennig umgedreht werden. Denn selbst das, was man in den Jahren 1937/38 herausbringen durfte, waren nur fünf Prozent unseres Vermögens. Während die Menschen, die 1933 emigrierten, noch ihr Vermögen mitnehmen durften, kamen nach 1938 die von Hitler Verjagten, darunter Tausende von Kindern, mit 10,– Mark in der Tasche herüber und fielen den Refugié-Comitees zur Last, zumal sie erst keine Arbeitserlaubnis bekamen. Es stand in Deutschland Zuchthausstrafe auf jedem illegalen Geldtransfer ins Ausland – praktisch bedeutete dies für jüdische Menschen und „Nichtarier" KZ und Tod. Ungefähr 20 000 Kinder kamen allein zwischen 1938 und 1940 nach England. Viele Häuser taten sich den Flüchtlingskindern auf. Sehr verschieden haben sie es dort getroffen, aber sehr viel Liebe wurde gegeben, und auch große Opfer wurden von englischen Familien für ihre Flüchtlingskinder gebracht.
Auch uns zeigte man gleich manche Freundlichkeit und bot Hilfestellung und später auch wahre Freundschaft.
Wir hatten viel Neues zu lernen. Die englischen Frauen nehmen viel mehr Anteil an öffentlichen Dingen. Auch die

einfachen Frauen sind interessiert am Lesen, selbst wenn sie sich nur ihre Romane, ihre Reisebeschreibungen aus der Stadtbücherei holen. Sie wissen z. B. die Namen der Abgeordneten ihres Wahlkreises. Manchmal kennen sie sie auch von Hausbesuchen persönlich und lesen auch in ihrer Zeitung. Dafür machen sie es sich im Hause leichter. „Polish" über die Möbel, „polish" über alle die vielen Messingknöpfe und Türklinken, das gehört sich, auch „polish" über die längst schwarz verschmutzten Holzfußböden. Der Kampf gegen den Kohlenstaub in London schien aufgegeben. Stark vergraute Gardinen verdeckten blinde Fenster, und sehr schmuddlige Regenmäntel schützten die Kleidung in der Untergrund- und Stadtbahn.

Ich sah einmal eine Kleinbürgerfrau ihrem Mann abends das Essen auf eine Zeitung auf den Küchentisch schütten, wohl nur, um Abwasch zu sparen. Ich sah aber auch in einfachen Haushalten saubere Wachstuchdecken und Küchentische, auf denen alles ordentlich für Mann und Kinder bereitet stand. Aber im ganzen war doch viel mehr Unordnung in den Zimmern als in Deutschland in den entsprechenden Häusern. Freilich besaß die Oberschicht die schönsten Häuser mit herrlichen Möbeln und alten Bildern, zauberhafte Gärten — alles von einem Stab von Hilfskräften gepflegt. Auch persönliche Bedienung, treue Butler und Kinderfrauen, gehörten dazu.

Wie viele Stunden haben wir im Gespräch verbracht, in der Bemühung, hinter den britischen Charakter zu kommen! Ich liebe die Engländer und habe großes Vertrauen zu ihnen, trotz der Kritik, die ich hier zuweilen geübt habe und üben werde.

Die Aufmerksamkeit des Zuhörens, besonders wenn eine Frau etwas spricht, fiel mir im Gegensatz zu den Gepflogenheiten mancher deutscher Männer sehr auf, die oft eine Dame nicht einmal zu Wort kommen lassen, nicht selten sie unterbrechen, oft dozieren oder zuweilen auch scherzhaft neckisch werden. Ein englischer Gentleman benimmt sich nie so, daß der andere sich dümmer, sozial geringer, unwichtiger oder unsicher fühlt. Er übt diese bescheidene Höflichkeit auch gegenüber den Frauen.

Selbst wenn morgens nicht gerade Behagen auf den Zügen des Engländers liegt, so überspielt er seine Unlust durch einen liebenswürdigen Gruß in Gestalt einer hoffnungsvollen kleinen Bemerkung über das Wetter. Das „Ist es nicht ein schöner Tag heute?" oder „Nicht so strahlend heute morgen, aber vielleicht klärt es sich noch auf" hat mich immer gerührt. Man belastet in England andere auch nicht mit seinen körperlichen Zuständen. Man spricht kaum je von Krankheit, es ist kein Thema. Das Sich-selbst-bemitleiden ist den Engländern zuwider. Die Unwissenheit über die Anordnung innerer Organe gehört sich geradezu.

Schadenfreude habe ich nie erlebt. Von seinen Fehlschlägen spricht man viel, aber nicht von seinen Erfolgen. Mit Engländern zusammenzuwohnen, ist viel einfacher als man denkt. Man hat wenig Mühe, ihre Wünsche zu verstehen, sie machen sich nicht breit, man kommt sich freundlich entgegen, und alles ist auf gegenseitige Rücksichtnahme eingestellt. Freilich auch auf eine gewisse Distanz, denn „zu familiäres Verhalten erzeugt Mißachtung" — das gilt für beinahe alle menschlichen Beziehungen. Die Vernunft und nicht der Affekt regiert, und man gießt nie Öl ins Feuer. Auffallend ist, wie gefällig und leise die Engländer sind. Freilich muß man bestimmte Verhaltensweisen übernehmen. Man durfte sich nicht einmischen und sollte sich nur um seine eigenen Dinge kümmern. Es gab Postkarten, auf denen stand: „Tu täglich ein paar Menschen etwas Gutes — laß sie in Frieden!" Man darf sich auch nicht wichtig nehmen und seine Kinder nicht anbeten und verhätscheln. Die Bad- und Toilettentür muß man stets beim Verlassen etwas offenlassen. Die geschlossene Tür besagt schon „besetzt", und niemand wird von außen die Klinke herunterdrücken. Aus Versehen taten das nur die Refugiés und die Ausländer — zum Entsetzen der Insassen. Solche kleinen Mißgeschicke bestärkten englische Menschen in ihrer Überzeugung, daß „alle Fremden etwas verrückt seien".

Rührend dankbar sind die Engländer für kleine Freuden, die man sich für sie ausdenkt, geradezu kindlich dankbar. Mit Geschenken ist der Engländer selbst aber uneingefühlt und konventionell. Weihnachten dominiert der Kalender, das Notizbuch und „greetings" unter den Erwachsenen.

Großen Spaß begann uns auch bald der „Punch" zu machen, den wir früher nie verstehen konnten. Die Selbstkritik der Engländer, wenn sie z. B. ihre Tendenz, ruhig zu bleiben, ihren Hang, nichts wegzuwerfen, beschreiben oder eine gewisse Neigung, die Dinge heute nicht so gut zu finden wie sie früher waren, ihre Freude am Anstehen, all das illustrieren auch die Witzblätter einzigartig, wie überhaupt der englische Humor etwas ganz Einmaliges ist! auch im politischen Witz erkennt man dies. Mit Wilhelm Busch konnten unsere englischen Bekannten nichts anfangen. Sie fanden ihn derb. Man sprach den Deutschen überhaupt Derbheit zu; auch eine gewisse offene Gradheit und große Tüchtigkeit. Aber man hatte nicht gerade Sympathie für soviel Tüchtigkeit.

Wenn wir morgens zum Frühstück ins Zimmer kamen, sagten wir „good morning" und fanden die anderen Pensionsgäste meist in ihre Zeitungen vertieft; jeder las erst die seine, dann wurde ausgetauscht; gesprochen wurde fast nichts. Mein Mann, ich und die Kinder hatten einen gemeinsamen Tisch, an dem wir sehr behaglich miteinander frühstückten und uns leise — allerdings aus Höflichkeit nur Englisch — unterhielten. Draußen auf den Straßen

Londons hörte man so viele andere Sprachen, daß man getrost deutsch miteinander sprechen konnte. Ich erinnere mich noch gern an den ersten morgendlichen Geruch von warmem Toast. Dieses Frühstück war eine höchst gemütliche Angelegenheit, die auch besonders meinen Bruder Dietrich wieder erfreute, als er uns im März besuchte. Er verstand, das so richtig zu genießen. Somerset Maugham machte für den, der in England wirklich gut essen wolle, den Vorschlag: er solle sich dreimal das Frühstück reichen lassen!

Inzwischen hatte Dietrich von seinen amerikanischen Freunden die Einladung nach New York zu Vorlesungen am Union Theological Seminary bekommen, und am 3. 6. 1939 erschien Dietrich bei uns in London — kurz vor der Abfahrt nach Amerika. Es gab vieles zu besprechen, und er wollte auch noch etwas Zeit für unsere Kinder haben.
In diesen Junitagen 1939 war es, als ob die Menschen aus Deutschland im Ausland noch einmal freie Luft atmen wollten, bevor es zu einer neuen Krise bzw. zum Krieg kam. Auch mein ältester Bruder Karl-Friedrich Bonhoeffer besuchte uns auf dem Weg nach den USA noch einige Tage in London. Es waren schöne Stunden, freilich nicht frei von Zukunftssorgen. Karl-Friedrich hatte einen Ruf an die Universität Chicago erhalten und wollte sich drüben die näheren Verhältnisse ansehen. Er kannte die Staaten und fuhr dann mit Dietrich hinüber, kam aber bald zurück. Er konnte sich in den unsicheren Zeiten nicht entschließen, die Eltern in Deutschland zurückzulassen.
Die Aussicht, Dietrich in den Staaten zu wissen, so daß wir uns jedenfalls immer schreiben konnten, war erlösend. Im Kriegsfall wäre er geborgen gewesen und auch für uns ein Wegbereiter in die Staaten im Falle einer Invasion. So schieden wir getrost, als beide Brüder das Schiff nach den

USA bestiegen. – Ende Juni traf eine Karte von Dietrich bei uns ein:

NEW YORK, JUNI 1939

Im Blick auf die schauderhafte Lage drüben, und da ich doch nur bis August geblieben wäre, habe ich mich entschlossen, schon mit Karl-Friedrich zurückzufahren. So werde ich am 13. Juli – wenn nicht plötzlich noch eine Änderung zum Guten eintritt – in Southampton sein. Wie lange ich bei Euch in London bleiben kann, kann ich gar nicht sagen. Wir müssen sehen, vielleicht nur kurz.
Es grüßt Euch herzlich

Euer Dietrich

Am 13. 7. 1939 traf Dietrich in London bei uns ein, und wir hatten ihn noch bis zum 25. Juli bei uns. Es war das letzte Mal. Er wußte, daß der Krieg vor der Tür stand, war voller Sorge um seine jungen Pfarrer und sagte, es sei für ihn plötzlich unmöglich gewesen, in den USA zu bleiben. Man habe zwar so freundlich von seiten seiner amerikanischen Freunde alles getan, ihn drüben zu halten, um ihn zu schützen. Man habe ihm eine Professur angeboten, auch eine Pfarrstelle bei den Emigranten, aber diese würden ihn entbehren können, und er nehme vielleicht sogar noch einem von ihnen diese Pfarrstelle fort. Er sei dort völlig ersetzbar, aber in Deutschland würde er gebraucht. Er könne seine jungen Theologen, seine Brüder in dieser schweren Gewissensnot, die der Krieg jetzt über sie bringen werde, nicht im Stich lassen. Er müsse zurück.
Wir waren sehr erschrocken, wie sollte das weitergehen? War es Wahnsinn? Mußte das sein? Aber Dietrich war nun so felsenfest überzeugt, daß es sein mußte, und war frei, sicher und unbelastet. Wir wagten kaum, Zweifel vorzu-

bringen gegenüber so starker Entschlossenheit. Ich konnte auch sein Gefühl so gut verstehen, daß er nicht während des Krieges für die Eltern, Geschwister und Freunde unerreichbar sein wollte, unfähig ihnen beizustehen. Das Miteinanderleben und -erlebenwollen war ein sehr starker Wunsch bei ihm. Was seine Rückkehr nach Deutschland für uns bedeutete, wußten wir alle drei und berührten das kaum im Gespräch.

Als Dietrich gerade am Klavier saß und mit den Kindern sang, kam Pastor Rieger höchst bestürzt und brachte ihm die Schreckensnachricht vom Tod des Pastors Paul Schneider im Konzentrationslager Buchenwald. Dietrich war sehr blaß, als er uns davon erzählte. Ich entsinne mich, daß er schwer atmete, und auch daran, daß er sich später zu den Kindern wandte und sagte: „Hört mal zu, Kinder! Den Namen dürft ihr nicht vergessen, Paul Schneider ist unser erster Märtyrer." Und er erzählte ihnen von ihm.

Schon 1932 hatte Dietrich einmal darüber gepredigt, daß wieder Märtyrerblut gefordert werden würde: „Aber dieses Blut, wenn wir dann wirklich noch den Mut und die Treue haben, es zu vergießen, wird nicht so unschuldig und leuchtend sein wie jenes der ersten Zeugen. Auf unserem Blute läge große eigene Schuld; die Schuld des unnützen Knechtes."

Am 25. 7. reiste Dietrich ab. Kurz vorher kam er mit einigen Sachen über dem Arm herein, seinem Morgenrock, seinem Panamahut, Schlipsen, Schals, Pyjamas, „damit wir doch noch etwas mehr draußen hätten". Wir alle brachten Dietrich zur Bahn. Es war ein ernster Abschied, den Dietrich aber in seiner zuversichtlichen, beherrschten Art liebevoll überspielte.

Aber wir alle hatten die Sturmvögel erblickt und hatten nicht viel Hoffnung auf ein baldiges Wiedersehen.

Ich sah Dietrich nie wieder.

Trotz der Zuspitzung der Krise Ende Juli 1939 machten uns unsere Eltern die große Freude, noch einmal nach Holland zu kommen, damit wir uns wiedersehen konnten, bevor es zu spät war. Wir trafen uns im August in Zandvoort und hatten mit ihnen und den Kindern zwei unvergeßliche Wochen. Mein Vater badete mit seinen 70 Jahren noch viel mit uns und schwamm ausgezeichnet. Er wäre gern weit mit mir hinausgeschwommen, aber er war sehr rücksichtsvoll und wollte meine Mutter nicht beunruhigen. Dies lag ihm immer sehr am Herzen. Er haßte es, wenn Menschen beunruhigt wurden, und muß es seelisch für sehr ungesund gehalten haben. Ich werde nicht vergessen, wie Gert, der mit dem Wagen unterwegs gewesen war und nicht rechtzeitig zu Tisch kam, mit einem ernsten Blick von meinem Vater empfangen wurde mit den Worten: „Deine Frau hat auf dich gewartet, sie hat sich beunruhigt." Mehr kam nicht, aber wie es gesagt wurde, war es nicht zu überhören. Mein Vater mischte sich sonst nicht ein und hatte ein sehr gutes Verhältnis zu meinem Mann und allen seinen Schwiegersöhnen. Er gab nur Rat, wenn man ihn fragte.
Merkwürdig, wie lebendig mir diese Tage in Holland noch in Erinnerung sind und wie wir sie genossen haben, obwohl wir fest an einen kommenden Krieg glaubten, und obwohl wir uns die größten Sorgen darüber machten, wie Dietrich als Kriegsdienstverweigerer mit den Schwierigkeiten fertig werden sollte und was den Brüdern und Schwägern und vielen Freunden bevorstand.
Jedoch das Meer, der Glanz, die Sonne, der breite, damals noch gar nicht übervölkerte weiße Sandstrand, die beglückten Kinder machten diesen August 1939 unvergeßlich.

Am 23. August schloß Hitler einen Nichtangriffspakt mit der Sowjetunion.

Am 25. August erfuhr die Welt, daß England mit Polen einen Beistandspakt abgeschlossen hatte. Nach allem, was durchsickerte, schien die Kriegsgefahr sehr nahe. Hitler sollte schon den Angriffstermin festgelegt haben, hieß es. Wir hatten noch Besuch von Gerts Assistenten aus Göttingen, der nun in aller Eile nach Hause zu Frau und Kindern drängte.

Der Wunsch, bei Kriegsbeginn nicht mit den Kindern in London zu sein, veranlaßte uns, nach Hastings/St. Leonards zu gehen. Schon damals trennten sich manche Eltern von ihren Kindern und schickten sie sogar nach den USA zu Bekannten. Dabei sind die Engländer im Grunde keine großen Vorausplaner, aber begabte Künstler im Durchwurschteln und im Improvisieren — und das steckt an.

Wir fuhren zunächst in ein Hotel nicht weit von der See und wollten uns dann nach einer Bleibe und nach einer guten Schule umsehen, von denen viele an der Südküste liegen. An eine Invasion dachte man damals noch nicht, wohl aber an ein Bombardement von London. Die Sperrballons, die über ganz London aufgezogen wurden, haben aber doch wohl einigen Nutzen gehabt. Sie sahen phantastisch aus, diese wie Riesenelefanten über Londons Himmel schwebenden Ballons!

Kriegsausbruch und Internierung

Die Aufregung wuchs stündlich: am 1. September fiel Hitler in Polen ein. England und Frankreich wiesen auf ihre Bündnisverpflichtungen hin und drangen auf Zurückziehung der Truppen. In äußerster Spannung erwarteten wir die Rede Chamberlains am 3. September, denn das englische Ultimatum war abgelaufen. Keiner von uns wird je die Nachricht Chamberlains vergessen, die wir im Hotel mit den englischen Gästen um das Radio gedrängt, um 11 Uhr vormittags hörten: Großbritannien befindet sich im Kriegszustand mit Deutschland! Um 5 Uhr nachmittags erklärte auch Frankreich, daß es zu seinem Pakt mit Polen und somit im Krieg mit Deutschland stehe.
Eine alte Dame, die die Kriegserklärung anhörte, — sie hatte 17 Jahre lang Leprakranke betreut und hatte mit ihrem Mann, einem Geistlichen, in den Dominions gelebt, — sagte: „Jetzt können wir nur noch beten.“ Sie überließ uns ihre Wohnung, und an diesem 3. September mußten wir gerade umziehen, obwohl uns der Kopf nicht danach stand. Der Manager des Hotels sagte ganz freundlich: Wir sollten nicht glauben, daß wir nun wegen der Kriegserklärung ausziehen müßten, sie würden uns auch gerne behalten. Aber aus pekuniären Gründen kam das gar nicht in Frage.

Unsere neue Wohnung lag nur ein paar Häuser weiter. Gerade, als ich mit einem Haufen Kleidungsstücke über dem Arm auf der Straße unterwegs war, setzten die Sirenen ein. Das Heulen, das ich bisher nur von Deutschlands Probealarmen in den Ohren hatte, war greulich. Unser Schlafzimmerfenster ging südlich auf die See hinaus, und den ganzen Morgen lang sahen wir am Horizont Schiffe der englischen Flotte wunderbar weiß in der Sonne leuchtend aufziehen. Das Auspacken der Koffer ging wie im Traume vor sich, die innere Erregung war furchtbar. Damals habe ich mir geschworen, nie zu vergessen, daß England diesen Krieg absolut nicht gewollt hat. Wir hörten in den Bahnen, in den Geschäften, bei uns zu Hause viele Engländer darüber sprechen. Keiner wollte den Krieg, nicht die Männer, nicht die Frauen, nicht die Alten, nicht die Jungen. Die Kirchen waren zum Brechen voll. England betete für den Frieden. Den Gemeindegesang mit dem sich wiederholenden: „Wir flehn zu dir, Herr, erhöre uns!" werde ich immer im Ohr behalten. Nachdem Chamberlain dem Volk klar gesagt hatte, daß der Beistandspakt mit Polen eingehalten werden müsse, daß Polen von Hitler überfallen worden sei, hörte man immer wieder: „Wir müssen zu unserem Ehrenwort stehen." Faktisch konnten die Engländer Polen keine Hilfe mehr leisten, und viele Engländer litten darunter. In England waren die meisten Menschen noch auf Anstand, Fairneß, Toleranz, ja sogar auf Gottesfurcht ansprechbar.

Mein Vater schrieb über den Ausbruch des 2. Weltkrieges in Deutschland:
„Die Stimmung, mit der man 1939 in den Krieg ging, war grundverschieden von der des Jahres 1914 . . . 1939 war in der Bevölkerung kein Zweifel, daß es sich um einen von Hitler vorbereiteten und organisierten Angriffskrieg han-

delte, für den in der großen Bevölkerung keinerlei Sympathie bestand. Man hatte in den Jahren 1933 bis zum Kriege die Partei und ihre jeder freien Meinungsäußerung gegenüber feindliche Haltung kennengelernt, so daß man für den Fall des Sieges Hitlers und seiner Formation eine ins Maßlose gesteigerte Hybris der Partei zu befürchten hatte, im Falle der Niederlage die Zerschlagung und Verarmung Deutschlands. Die Zahl derer, die den Sieg Hitlers für die größere Gefahr für die Kultur Europas hielten, war nicht gering. Begeisterung, für diesen Sieg zu kämpfen, war wohl abgesehen von jungen Militärs, aus der HJ hervorgegangenen Jugendlichen, kaum zu finden. Freilich stand auch schon die Jugend ganz im Zwange des Hitlerterrors. Nachdem der Krieg entzündet war, war für viele, auch die Hitlerfeinde, die Lage so, daß sie um der Verteidigung der Heimat willen kämpften. Manch einer tröstete sich in der Hoffnung, daß Hitler im Falle des Sieges sich zu einem gemäßigten Regime entschließen würde. Anhaltspunkte zu einem solchen Gesinnungswechsel waren nach der charakterlichen Art Hitlers kaum gegeben."

Wir richteten uns nun in den ersten Kriegsmonaten in St. Leonards-on-Sea ein. Ich mußte hier jetzt richtig englisch wirtschaften, und das begann gleich mit dem Rationsbuch. Die fremden Gewichte und Längenmaße, sowie das englische Geld, machten mir keine Mühe. Ich war noch jung, und es war mir alles interessant, auch das, worüber die Menschen in den Läden sich unterhielten. Es wurde viel Politik gemacht, aber obwohl man mich in den Geschäften als Deutsche kannte, bekam ich keine Benachteiligung zu spüren, wie das in Deutschland in den letzten Jahren häufig der Fall war. Die einfachen Leute waren sogar besonders hilfsbereit und nett.

Die Aussicht, einmal für längere Zeit an der See zu leben,

hatte mich erst für uns alle gefreut. Ich hatte es mir immer gewünscht. Als Kind zwischen 10 und 14 Jahren betrachtete ich den Sommer fast ausschließlich von dem Standpunkt des Schwimmens. Ich wollte es nun den Kindern beibringen, aber der Herbst war da, und es kam nicht dazu, obwohl das Klima der Südküste sonst mild ist. Der Krieg brach aus, und wir hatten andere Sorgen. Wir saßen aber immerhin manchmal auch im Winter mit unserem Picknick-Lunch unten an der See. Es gab zwar keinen Sandstrand, sondern nur Kieselsteine, aber es gab immer wieder Sonne, und das Meer war wohltuend. Viele gegen den Nord- und Westwind durch Glaswände geschützte Bänke säumten oben die Strandpromenade, auf denen die Rentner und alten Damen in der Sonne saßen, strickten, Zeitung lasen und Politik machten. Den Hügel hinauf zog sich die London Road, in der wir — nur 5 Minuten vom Meer entfernt — eine kleine, möblierte, altmodische Wohnung bezogen hatten.

Hinauf zu einem Villenviertel mit seinen sehr schönen, gepflegten Gärten ging es nach St. Leonards. Das ist der Villenort von Hastings. Dort hatte der Bischof von Chichester auf eigene Initiative eine große, alte Villa gemietet, und vierzig evangelische Pfarrer aus Deutschland, die von den Nationalsozialisten wegen ihrer jüdischen Abstammung verfolgt wurden, mit ihren Familien aufgenommen, die dann mit der Zeit von ihm in Gemeinden als Hilfspfarrer oder Pfarrer untergebracht werden sollten. Das war eine schwierige Aufgabe für ihn, schon wegen des sprachlichen Unvermögens vieler Pfarrer. Seinem unaufhaltsamen Einsatz aber gelang es für die meisten Pastoren. Im 1. Weltkrieg wäre kein deutscher Pfarrer in einer englischen Gemeinde unterzubringen gewesen, selbst wenn er noch so englandfreundlich eingestellt gewesen wäre.

Canon Griffith, der Superintendent, nahm sich in aufopfernder Weise aller dort unter einem Dach versammelten Pfarrersfamilien an. Er hatte viel Humor und lächelte auch über so manche Schwächen seiner Schützlinge. Es herrschte ein freundlicher Geist. Aber so viele Pfarrer unter einem Dach mit ihren Familien – das war nicht einfach! Griffith ist wohl einer der liebenswertesten Pfarrer gewesen, die wir in England kennenlernten, unmittelbar herzlich und unpastoral. Aber daß alle in seinen Gottesdienst kamen, erwartete er. Hin und wieder waren wir zu Besuch in dem Pastorenflüchtlingsheim. Unsere Kinder spielten dort gern mit den anderen in dem schönen, alten Garten, der uns jetzt fehlte.

Am 30. 11. 39 begann der Angriff der Russen gegen Finnland. Die alten Damen und die Schulmädchen strickten nun weiße Wollkapuzen und Schals für die finnischen Soldaten im Schnee. Beruhigung trat bald ein, als der Vormarsch nicht vorankam. Erstaunt waren die Engländer, daß die Finnen sich bis zum März gegen die Russen halten konnten.
1940 brachte einen Schrecken nach dem anderen: Hitler eroberte, ihre Neutralität mißachtend, Dänemark und Norwegen. Die englische Verminung der norwegischen Küste beruhigte manche. Die Besetzung von Narwik durch die Briten wurde gefeiert. Narwik wurde von den Briten bis Anfang Juni gehalten. Im Mai traf König Haakon von Norwegen mit seinen Ministern in London ein. Er bildete gleich eine Exilregierung.
Aber inzwischen war Hitler in Holland und Belgien eingefallen und besetzte beide Länder. Am 15. Mai traf Königin Wilhelmine von Holland mit der Kronprinzessin Juliane und ihren Ministern in London ein und bildete ebenfalls eine Exilregierung.
Am 28. Mai wurde Brüssel kampflos übergeben, und der

belgische König bekam ein Schloß angewiesen, in dem er sich aufhalten durfte. Es entstand aber eine Gruppe, die ebenfalls eine Exilregierung im Ausland bildete und weiterkämpfen wollte. Für die Belgier hatte jetzt in England niemand Sympathie. Belgien habe die Flanke der britischen Expeditionsarmee freigelegt, sagten viele.
Am 10. Mai hatte auch der Angriff auf Frankreich begonnen. Am 22. Juli war der Waffenstillstand bereits unterschrieben. De Gaulle kam nach London und rief — als Führer aller freiheitlichen Franzosen — zum Widerstand auf. „Frankreich hat eine Schlacht verloren, aber nicht den Krieg", verkündete er. Am 10. Juli erklärte auch Italien noch England und Frankreich den Krieg und hoffte, sich an der Beute beteiligen zu können.
Es ging Schlag auf Schlag. Ende Juli 1940 stand England allein. Aber England nahm diese Nackenschläge, gestärkt durch die Reden Churchills, erstaunlich auf. Doch in dieser prekären Lage wurde die Stimmung gegen die deutschen Refugiés deutlich schlecht und unfreundlich, und wir vermieden es, deutsch zu sprechen.
Im Februar 1940 wurden in England die Ereignisse im Warschauer Ghetto bekannt. Das Entsetzen über die Brutalität der SS war groß.
Am Pfingstmontag 1940, als wir von einem Spaziergang aus Battle, dem Kampfplatz von 1066, heimkehrten, sagte uns Mrs. MacDonald, eine freundliche, alte Frau, die unter uns wohnte, die Polizei sei dagewesen und würde wiederkommen. Wir ahnten, was uns bevorstand, und bald darauf erschien ein Polizist und sagte, er habe die Pflicht, Gert zu internieren. Er klopfte mir beruhigend auf die Schulter und sagte: „Machen Sie sich keine Sorgen, Madame, er wird bald zurück sein, ungefähr in einer Woche." Worum es ging, wohin, nichts wußte er. Schnell mußte gepackt werden, die Kinder weinten. Christiane machte auf meinen

Zuruf endlos Schnittenpakete für den Vater, und manches Eßbare verschwand in Gerts Koffer, obwohl der Polizist das für ganz unnötig erklärte. Die Vorsorge erwies sich aber als höchst zweckmäßig.

Mir wurde das Herz schwer, aber ich ließ mir nichts merken. Gert war bedrückt, betroffen, aber äußerlich ruhig. Ich kannte ihn, er befürchtete damals, daß England Hitlers Invasion nicht widerstehen würde und die Refugiélager dann von der SS übernommen werden würden. Nun begann ernsthaft das nur von Tag-zu-Tag-Leben. Der Abschied war sehr schwer für uns. Man war nirgends mehr zu Hause.

Alle männlichen deutschen und österreichischen Refugiés zwischen 16 und 70 Jahren, sogar auch manche deutschen Frauen mit ihren Kindern wurden jetzt interniert. Auf der Polizeistation sagte ein Polizist hämisch zu Gert: „Nun werden Sie für Ihren Führer leiden müssen!“ Mein Mann antwortete: „Danke, das habe ich schon in Deutschland getan!“

Da alle Refugiés nach ihrer Ankunft in England bereits vor einem Tribunal auf ihre politische Zuverlässigkeit hin geprüft worden waren, und wir selbst als „Flüchtlinge der nationalsozialistischen Unterdrückung“ auf unserm Personalausweis bezeichnet wurden, traf uns die Internierung und die neue Bezeichnung „Feindlicher Ausländer“ wie ein Schlag. Auch ich packte meine Koffer und die der Kinder, um reisefertig zu sein für den Fall, daß auch wir interniert werden würden.

10 Tage blieb ich ohne jede Nachricht. Mein Mann durfte nicht schreiben. Wir hatten ausgemacht, daß ich in St. Leonards-Hastings bleiben solle, bis ich von ihm hören würde, so daß wir immer wüßten, wo der andere sei. Nun hörte man, daß die deutschen und österreichischen Refugiés nach Australien und Kanada verschifft wurden, und ich

wartete sehnsüchtig auf Post. Es war mir schwer begreiflich, daß gerade die Engländer mit ihrer Leidenschaft für die Freiheit unsere Männer — die, von Unfreiheit bedroht, hatten auswandern müssen — einsperrten. Ich äußerte diese Enttäuschung gegenüber einer englischen Dame, die mir darauf aber nur gekränkt die Antwort gab: „Sie dürfen nicht schlecht von England denken."

Inzwischen war Pastor Griffith wiederholt bei mir und wollte mich bewegen, aus St. Leonards-Hastings fortzuziehen. Die Piers wären schon beseitigt, und die Landung der Nazi-Truppen könne jeden Tag geschehen, „und", fügte er ernster hinzu, „Sie werden erschossen werden!"

Ich antwortete: „Ich warte lieber hier mit den Kindern, bis ich wieder in Briefkontakt mit meinem Mann bin und seine Adresse habe, so haben wir es ausgemacht."

Pastor Griffith sagte: „Niemand von Ihnen wird diesen Kampf überleben, aber Sie werden zu einem besseren Leben eingehen."

Dann setzte er sich zu uns, trank Tee mit uns und erzählte mir, was er für einen guten Platz in Devon für uns wisse. Dort lebe eine Arztwitwe in einem großen Landhaus mit herrlichem Garten, und sie wolle nur deutsche Refugiés aufnehmen — also auch dieses gab es. Rührend fragte er dann noch: „Fehlt es Ihnen irgendwie an Geld?"

Als ich das verneinte, stand er auf, betete für die Entlassung meines Mannes und für den Frieden, zog Christiane an den Zöpfen, die ihm so gefielen, und verschwand. Aber diese Zöpfchen mußten bald fallen, denn die Mitschülerinnen riefen: „Du bist Hitlers Tochter." Und ein Junge peinigte und ärgerte Christiane damit. So schnitt ich sie ab.

Mein Mann wurde nach einer miserablen Unterbringung in Liverpool in das Alien-Internment-Camp nach Huyton gebracht. In diesen politisch unerhört erregten Tagen waren dort Zeitungen verboten. Die Ungewißheit, verbunden mit dem Verbot zu schreiben oder Post zu empfangen, war natürlich sehr beunruhigend und bedrückend. Viele Internierte wurden so pessimistisch, daß sie sich umbringen wollten, manche versuchten es, manchen gelang es. Vor allem wurde die Deportation nach Australien und Kanada befürchtet.

Auf der Arandora-Star wurden am 3. Juli 1940 1100 Internierte nach den englischen Dominions eingeschifft: Auslandsdeutsche, die Nazis waren, zusammen mit den von Hitler vertriebenen Flüchtlingen, wie auch Italiener, Faschisten und Antifaschisten. Die Arandora-Star wurde von einem deutschen U-Boot torpediert und sank. Ungefähr 600 Menschen ertranken. Ich erfuhr die Nachricht zu der Zeit, als auch Gert mir schrieb, daß er alles daran setzen wolle, nicht verschifft zu werden. Es waren sorgenvolle Wochen. Es gab in den Camps wieder Selbstmorde von Refugiés, die man zwingen wollte zu fahren. Der Zwang war zwar ungesetzlich, wurde aber praktisch unbedenklich ausgeübt. Viele Frauen, die selbst interniert waren, konnten vorher nicht von dem Abtransport ihrer Männer oder Söhne nach Australien oder Kanada informiert werden. In den Lagern gab es eine ungute Atmosphäre.
Es kam vor, daß Nazis Juden schlugen, man hörte auch, daß sie Juden zwangen, das Horst-Wessel-Lied mitzusingen. Es gab immer Angreifer und Beleidigte, Haß und Krach, und die Unversöhnlichkeit war verständlich. Erst Monate später hat die englische Regierung sich entschlossen, die politisch und rassisch verfolgten Deutschen von den Nazis zu trennen.
Gleich nachdem der Bischof von Chichester hörte, daß Gert interniert war, reiste er nach St. Leonards, um mich zu besuchen. Er war verstört darüber, daß bei den Internierungen keine Unterschiede gemacht worden waren. Er ver-

sprach mir, alles zu tun, was in seinen Kräften stand und hoffte, Gerts Entlassung zu ermöglichen. Bevor der Bischof sich verabschiedete, ließ er sich auf die Knie nieder und betete laut für Gerts Entlassung aus der Haft und für Dietrich und seine Brüder. Die Situation war damals aber noch nicht reif für die Entlassung der internierten deutschen Refugiés. Nach dem Fall von Frankreich und dem Eintritt Italiens in den Krieg war ihre Lage noch schlechter als vorher.

Wir selbst waren der Ansicht, daß jemand, der für dasselbe steht, für das sein Aufenthaltsland in den Krieg gezogen ist, mehr ist als ein Refugié. Es gab auch einige wirklich noble Geister, die sich der Hetze gegen die Flüchtlinge entgegenstellten. Der Erzbischof von Canterbury sagte: „Der Geist, in dem wir kämpfen, ist wichtiger als die Tatsache, daß wir militärisch gewinnen. Wenn wir nazistisch würden und dann gewinnen, würde es für die Welt dasselbe bedeuten, als wenn die Nazis gewännen."

Einige brachten im Parlament die Internierung der Refugiés zur Sprache, obwohl England gerade in diesen Tagen das Wasser bis zum Halse stand und die Atmosphäre äußerst gespannt war. Wir haben das sehr bewundert. Die Militärbehörden hatten die Internierung im Hinblick auf den Schaden verlangt, den die fünfte Kolonne in Holland und Belgien angerichtet hatte, und die Internierungen waren durchaus populär. Trotzdem standen diese unvoreingenommenen tapferen Menschen auf, beeinflußten die öffentliche Meinung und drehten schließlich dann das Rad herum. Ihre Beweggründe formulierte Graham White im Unterhaus: „Die Entscheidung, die wir vorzunehmen haben, bestimmt sich nicht nach nationalen Kriterien. Wir haben zu unterscheiden zwischen denjenigen, die sich über gewisse Ideale einig sind und denen, die andere Ideale haben."

Zehn Tage nach der Internierung meines Mannes bekam ich den ersten Brief mit seiner Adresse. Um Ruhe zu haben, schloß ich mich damit ein.
Nach 10 Minuten war ich entschlossen, Pastor Griffiths Angebot anzunehmen, und fuhr zwei Stunden später mit den Kindern und den 14 Koffern, die alle unsere Habe enthielten, nach Devon. Griffith prägte den Kindern noch ein, unterwegs ja kein deutsches Wort zu sprechen, und schenkte jedem eine halbe Krone für die Reise, was mich damals seltsam, aber doch sehr rührend anmutete. Es schien mir doch richtig, St. Leonard-Hastings zu verlassen, obwohl wir gerade eine gute Schule für die Mädchen gefunden hatten, denn man hatte mich bereits gefragt, warum ich mein Bettzeug zum Fenster heraushängte, ob ich den deutschen Seeleuten Zeichen geben wolle? In England legt man die Betten nämlich nicht aus, wohl wegen der Feuchtigkeit, aber die Sonne schien so herrlich warm, und auf die Idee, daß dies einen Verdacht erwecken könne, kam ich nicht. Auch die Wäsche auf dem Dachgarten schien einer Engländerin verdächtig, und ich war dann äußerst vorsichtig, keinen Anlaß zum Argwohn zu geben.

Die Reise nach Willand in Devon dauerte den ganzen Tag: man sah den Heimatschutz bei seiner Arbeit und viele Soldatenzüge. Der Heimatschutz verbarrikadierte Straßen. Die Kinder hielten ihr Versprechen, kein deutsches Wort kam über ihre Lippen. Unsere vierzehn Koffer lagen im Gepäckwagen, und Marianne mit ihren zwölf Jahren kämpfte darum, daß bei dreimaligem Umsteigen alles heraus und wieder in unseren Zug kam. Sie drängte sich eigentlich schon nach Verantwortung und genoß es, wenn man sie ihr gab, während Christiane, dreieinhalb Jahre jünger, noch völlig kindlich mit ihren Spielen beschäftigt war. In dem Moment, als wir abfahren wollten, belem-

merte sie mich sehr energisch damit, daß aus dem Federkasten ihrer Puppe ein kleiner Bleistift fehle und nun nicht mit auf die Reise kommen könne.
Als wir in Willand ankamen, empfing uns eine bärtige, achtunggebietende, statiöse Dame in den Siebzigern. Sie bewohnte ein schönes Haus in einem großen Garten. Sie selbst hatte zwölf Kinder gehabt, und ihr Mann war ein bekannter Arzt gewesen. Ein Bild, auf dem alle Kinder aufgereiht waren, hing neben ihrem Schreibtisch. Vier ihrer nun alle längst erwachsenen Kinder waren schon gestorben. Sie nannte mir zunächst die Namen der Verstorbenen und zeigte mit dem Finger nacheinander auf diese mit den Worten: „Dieses Kind ist bei Gott, dieses ist bei Gott . . ." und in ihrer Stimme lag das sichere Gefühl der Geborgenheit dieser Kinder.
Mrs. Wilkinson war nun allein mit einem alten Faktotum. Sie war eine energische und fromme Frau, die viel Gutes tat. Morgens versammelte sie uns alle zur Andacht. Im Gebet ließ sie sich auf die Knie nieder, und wir andern knieten auch auf dem harten Steinboden.
Sie hatte noch andere deutsche Refugiés aufgenommen. Mir zeigte sie ein Zimmer, in dem ein englisches Doppelbett und ein Kinderbett standen. Zusammen mit meiner zwölfjährigen Tochter schlief ich sehr schlecht in diesem Bett; überhaupt haßte ich die englischen Doppelbetten, die für zwei zu klein und für einen Menschen zu groß waren. Ich war froh, daß meine Mutter nicht sah, wie beschränkt wir als Flüchtlinge die vielen Jahre leben mußten. Wie hätte sie rechts und links Abhilfe schaffen wollen! Besonders leid taten mir immer die alten Vertriebenen Hitlers, die oft nicht mehr gesund waren und es sehr schwer fanden, Englisch zu lernen, weil auch die Ohren nachließen, und die, aus großen Häusern in ein Zimmer gedrängt, für Jahre primitiv wohnen mußten.

In Willand bekam ich regelmäßig Post von meinem Mann, und meine Hauptarbeit bestand in der Korrespondenz mit den englischen Bekannten, die mir helfen konnten, seine Entlassung durchzusetzen. Mein Mann drängte sehr darauf, und ich tat, was ich konnte. Die Internierten bekamen nur eine gewisse Menge des vorgeschriebenen Briefpapiers. Später erzählte mir mein Mann, daß er oft für ein Stückchen Wurst — ich konnte ihm bald regelmäßig bestimmte Nahrungsmittel schicken —, sich einen Briefbogen von Mitinternierten eingetauscht habe, da manche ihr Schreibpapier nicht brauchten. Erstaunt war mein Mann, zu sehen, wieviel abhängiger oft die älteren Menschen vom Essen waren, das übrigens sehr schlecht war. Es gab da unerfreuliche Szenen. Als die Internierten durch die Stadt geführt wurden, gab es Pfuirufe, und Rufe wie „. . . endlich tut Churchill etwas“ — aber es war ja relativ einfach gewesen, d i e s e Gefangenen zu machen. Damals hat sich die englische Regierung nicht die Mühe gemacht, die Öffentlichkeit wirklich aufzuklären.

Die Wochen in Willand waren für die Kinder Ferienwochen. Devon ist landschaftlich entzückend mit seinen alten weißgetünchten, schilfgedeckten Häuschen, mit den buntesten Blumengärten davor. Das stattliche Haus der Mrs. Wilkinson lag nicht weit von der See entfernt, wie ja wohl überhaupt keine Stadt in England weiter als 150 Meilen von der See gelegen ist. Auf den immer saftigen grünen Wiesen hatten die behaglichen Kühe es noch gut. Hier war nichts dürftig. Auch die Bäume, die nicht zu dicht stehen und herrliche runde Kronen haben, sind wirklich so anzusehen wie auf den Bildern der englischen Romantiker. Es war alles sehr erfreulich für das Auge, und der Sommer war so sonnig wie selten. Hier wurde wenig Forstwirtschaft getrieben, weite Landstriche schienen wie ein großes Naturschutzgebiet.

Marianne, unsere Älteste, war mit ihren zwölf Jahren schon sehr an der Tagespolitik interessiert und begriff auch die Lage der Refugiés und die der Internierten schon. Sie half mir und hütete mit mir Gerts schweren Koffer mit seinen Manuskripten, von denen besonders eines, „Deutschland zwischen Ost und West", mich bedrückte. Dies versteckte Mariannchen einmal im Backofen, ein anderes Mal in der großen Standuhr! Schließlich vergruben wir diesen Koffer in Willand heimlich im Garten, denn ich fürchtete, wenn die Nazis landen und Haussuchung halten würden, könnten diese Schriften für Gert tödlich sein. Sobald die ersten Flieger abgeschossen wurden, erwartete man mit großer Sorge auch die Fallschirmspringer. Es verbreiteten sich zahlreiche Gerüchte über Landungen dieser bewaffneten Kämpfer, und ich besinne mich, daß ich eines Nachts, selbst davon angesteckt, aus dem Garten starke Geräusche von Wiese und Gebüsch kommen hörte. Ich trat ans Fenster und hörte mehr, doch als ich hinunterging, entdeckte ich eine höchst gemütliche Kuh, die sich im Garten verirrt hatte.
Am 13. Mai hatte die Rede von Churchill, in der er erklärte daß er „nur Blut, Mühsal, Tränen und Schweiß" zu bieten habe, wie ein Blitz eingeschlagen. Jetzt erwachten alle. Mrs. Wilkinson, die Dame des Hauses, war ja schon alt und bereits sehr niedergeschlagen durch die politische Lage. Als wir mit ihr am 22. Juni die Nachrichten hörten und die Meldung durchkam: „Frankreich hat aufgehört zu kämpfen", glaubte ich sie einem Schlaganfall nahe. Sie wurde dunkelrot bis unter die Haarwurzeln. Sie hing nicht mehr am Leben, aber — so sagte sie zitternd vor Erregung — England müßte leben, frei weiterleben können. Es gab wohl keinen, der nicht so fühlte, keinen, der für diese Freiheit nicht zu kämpfen bereit war.
Sehr bewegt hatte uns alle auch die Rettung des britischen

Expeditionskorps in den ersten Junitagen. Man hörte von den erstaunlichsten Hilfeleistungen. Private Yachten und Boote halfen, die abgeschnittenen 300 000 Mann aus Dünkirchen heimzuholen, die ohne Panik ruhig auf ihren „turn" warteten, – viele Stunden lang im Wasser stehend, wie man berichtete. Mrs. Wilkinson sprach tagelang nur von diesem Rettungswunder mit uns.

Inmitten dieser politischen Erregungen wußte man nie, ob man bei einer drohenden Invasion noch weiterwandern müsse, und es war andererseits höchst zweifelhaft, ob das dann überhaupt noch möglich sein würde, würde man nicht vorher schon in die Hände der SS fallen? Wir hatten uns in Hamburg noch in die Einwandererliste nach den USA eintragen lassen, aber wir waren nach dem Quotensystem eingereiht und noch längst nicht an der Reihe. Endlose Wartelisten lagen vor. Kuba gab wohl damals gewisse Hilfestellung für manche, indem es Visen herausgab für Menschen, die sich dort aufhalten konnten, bis sie in die USA hineindurften. Wer nach den USA ging, wurde viel schneller integriert als in England. Dort gab es auch erst später die Schwierigkeiten, die hier schon eher durch den Krieg entstanden. Die Sorge des Weiterwanderns hatten jedenfalls die Menschen in Amerika nicht mehr vor sich.

Nach wenigen Wochen wurde auch Willand als Schutzgebiet erklärt, und ich mußte mit den Kindern wieder weiterziehen. Vorher schon hatten wir einige Beschränkungen auferlegt bekommen, durften kein Radio, keinen Fotoapparat mehr haben, und hatten abends Ausgehverbot. Aber wohin nun?

Mein Mann war noch interniert. Ich dachte jetzt an Oxford, überlegte auch einige andere Möglichkeiten, aber mein Ziel war eigentlich immer Oxford gewesen. Mein Mann wußte noch nichts davon, daß wir weiterziehen mußten. Ich verständigte ihn, er war mit allem zufrieden und nur immer besorgt, daß es für mich zuviel sei.

Wir kamen nun mit unseren vierzehn Koffern in Oxford an — Schrecken genug für unsere neue Pensionsinhaberin Mrs. Harrison! Sie war aber eine vernünftige Person, die meine Lage verstand. Seit einiger Zeit war sie befreundet mit einem linksorientierten Spanier, der Franco entronnen war und nun bei ihr wohnte, und durch ihn war sie politisch gut informiert. Sie bewohnte ein schönes Haus, das sie an Studenten vermietete. Es lag in der besten Gegend Oxfords und hatte einen hübschen Garten. Ich nahm mit den Kindern zusammen nur ein Zimmer. Als ich nach einer Woche meine Rechnung bezahlen wollte, sagte Mrs. Harrison: „Aber liebe Frau Leibholz, ich nehme nichts von Ihnen an, Sie sind ja Flüchtlinge." Ich hatte richtige Mühe, sie davon zu überzeugen, daß ich das wirklich bezahlen könne. Sie hatte ja selbst eine Tochter durchzubringen und arbeitete hart. Ich konnte ja immerhin auf die kleine Geldreserve zurückgreifen, die wir noch aus Göttingen herausgebracht hatten und auch auf ein kleines Stipendium, das mein Mann vom Weltrat der Kirchen bekam. Schließlich brachten auch kunstgewerbliche Holzmalereien, an denen Marianne und ich arbeiteten, einen Zuschuß zu unserer Haushaltskasse.

Abends saßen wir zusammen in Mrs. Harrisons Wohnküche und hörten den Spanier erzählen, oder wir richteten uns im Keller ein, wenn Luftalarm war und man die Flugzeuge brummen hörte und ganz fern die Detonationen. Wir bekamen in Oxford alle Alarme mit, wenn Mittelengland angeflogen wurde, und das waren viele. Es lagen etliche Flugplätze rund um Oxford. Auf die Stadt selbst fiel aber nie eine Bombe. Doch die „Jerries", wie die deutschen Soldaten damals in England genannt wurden, überflogen Oxford häufig. Unten im Keller hörten wir auch zusammen mit allen englischen Hausbewohnern die großartigen Reden Churchills. Marianne hörte schon sehr ernst zu, während Christianchen ihrem Stoffschäfchen Kosenamen ins Ohr flüsterte. Churchill sagte damals: „Wir werden nicht ermatten noch verzagen. Wir werden weitergehen bis zum Ziel. Wir werden in Frankreich kämpfen, auf der See, auf den Meeren, wir werden mit wachsendem Vertrauen kämpfen und mit wachsender Stärke in der Luft. Wir werden unsere Insel verteidigen, koste es, was es wolle, wir werden auch an den Küsten kämpfen, an den Landungsplätzen; wir werden auf den Feldern, auf den Straßen, auf den Hügeln kämpfen. Wir werden uns nie ergeben." Den Amerikanern sagte er später: „Gebt uns die Werkzeuge und wir werden ‚finish the job'."

Ich war gerade heilfroh, daß hier keine antideutsche Gesinnung zu spüren war, aber bald schon wurde Mrs. Harrison von Leuten auf der Straße behelligt, die glaubten, wir hätten mit Taschenlampen Blinkzeichen gegeben. Solche hysterischen Ausbrüche gab es immer wieder einmal. Jetzt erschienen auch Plakate, auf denen stand: „Unbedachtes Reden kostet Leben."

Andererseits waren manche Engländer auch recht naiv. Wir bekamen eines Tages Besuch von einem sehr netten holländischen Leutnant, der der freiwilligen holländischen Marine angehörte, die nach der holländischen Besetzung gegen Hitler kämpfte. Seine Uniform sah wirklich wie eine deutsche aus, und es war mir nicht angenehm, mit unserem Gast auf die Straße zu gehen. Nach einiger Zeit fragten uns englische Bekannte ganz freundlich, wir hätten wohl Besuch von einem deutschen Seeoffizier gehabt! Wie sie sich so etwas vorstellten, blieb uns unklar.

Man hatte nun die Beschränkung des Briefverkehrs gelockert, und täglich lag jetzt auf meinem Frühstückstisch der weißglasierte Briefumschlag von Gert mit dem großen

Stempel „Durch die Zensur geöffnet"; dieses Papier mußte verwandt werden, weil es allen unsichtbaren Tinten widerstand. Wenn man sich jeder politischen und sich auf den Krieg beziehenden Äußerungen enthielt — was gar nicht so einfach war —, dann passierten unsere Briefe die Zensur ziemlich ohne Verzögerung, und sie waren unser gegenseitiger Trost. Da wir uns in unserem Leben fast nie trennten und alles zusammen unternahmen, sind wir heute froh, diese Briefe voneinander zu haben. Jeden Tag durfte jetzt der Internierte Post bekommen, und so machte ich täglich ein Päckchen mit etwas Eßbarem, das zu senden erlaubt war, und da viele Päckchen merkwürdigerweise nicht geöffnet wurden, konnte ich auch noch einen Brief hineintun. Ich nahm immer die Kinder mit zu den Einkäufen; beide durften dann etwas für den Vater aussuchen.

Wir haben bestätigt gefunden, was Eugen Rosenstock-Huessy in seinem großen Werk „Die Europäischen Revolutionen" ausführt: „Die Haltung der Engländer ist gelockert, fast lässig, aber doch die eines leidenschaftlichen Fechters. Typisch englisch ist der Satz: ‚Der Mensch ist seinem Wesen nach ein Fechter.' Bei Goethe würde es wohl heißen: Er ist ein Kämpfer. Fechter und Kämpfer ist zweierlei. Der Kämpfer fühlt seine ganze Erdenschwere und Todesnähe. Der Fechter ist leichter. Der Engländer ist kein Kämpfer im deutschen Sinne. Als König Georg V. todkrank war, schrieben die Zeitungen: ‚Er ficht brillant mit dem Tode.' In den Rennen hat sich der Ritterschaft von England der Ausweg geboten, ritterlich und dennoch unmilitärisch zu fechten. Der Haß gegen das Königsheer im Lande und die Leidenschaft für edelmännisches Leben kommen beide auf ihre Rechnung in der Rennleidenschaft der englischen, tonangebenden Klasse. Das Nichtmilitärische, Nichtkämpferische all dieser Gefechte liegt in ihrem Wettcharakter. Die

Zielsetzung ist immer der Ironie offen. Ein Engländer hütet sich, seine Meinung ohne Selbstironie vorzutragen. Er ficht als Kavalier, der andere ficht auch. Kein Pathos also, sondern Zähigkeit ...
Noch beherrscht ganz England die männliche, ungezwungene, geräuschlose und unprinzipielle Fechterhaltung, die sich ausdrückt in der bekannten Redensart, daß der Engländer erst dann ernsthaft ficht, wenn er an die Wand gedrängt wird."

Sehr schlimm war es, daß England bei Beginn des Krieges so wenig vorbereitet war. Im Juli 1940, nach dem Desaster von Dünkirchen, erschien im Verlag von Viktor Gollancz das vielgelesene Buch „Die schuldigen Männer", das eine scharfe Anklage gegen das Kabinett Chamberlain enthielt. Es erreichte in zwei Monaten 19 Auflagen. Es warf Chamberlain vor, die Warnungen, die von den nationalsozialistischen Wahlbühnen zu hören waren, nicht ernst genommen zu haben: Weder die Zerreißung des Versailler Vertrages, die Einführung der Wehrpflicht, den Mord an Dollfuß, an Barthou, die Rheinlandbesetzung, den Krieg in Spanien, die Besetzung Österreichs und der Tschechoslowakei noch das Abkommen von München. Auch die schlecht genutzte Zeit vom September 1939 bis zum Mai 1940 erfuhr eine geharnischte Kritik: z. B. die viel zu langsam vorangetriebenen Rüstungen, der nun verhängnisvoll gewordene Mangel an Munition und besonders an Flugzeugen. Auch das Wunschdenken, die behagliche Selbstgefälligkeit und Lieder wie „Häng deine Wäsche an der Siegfriedlinie auf" wurden hier aufs härteste verurteilt.
Während der Luftschlacht um England wurden London und die Industriezentren von den Deutschen mit mehr als 2000 Kampf- und Jagdflugzeugen angegriffen. Wir in England befürchteten, daß die Invasion auf diese Weise

vorbereitet werden solle. England kämpfte allein. Hitler hatte den Kontinent unterworfen.
Ein einmaliges Bild bot sich während der Zeit des „Blitz", wie die deutschen Luftangriffe auf London hießen, in der Londoner Untergrundbahn. Dort biwakierten unzählige Familien mit vielen blassen Kindern auf den Bahnsteigen in der primitivsten Weise. Dort wurde gegessen, geschlafen, gestrickt, gearbeitet und gespielt. Während der Hauptverkehrszeit mußte man sehr achtgeben, daß man auf niemanden trat, so eng wurde es. Viele dieser Familien wagten sich überhaupt nicht mehr hinauf und blieben einfach unten, obwohl die Luft schauderhaft war. Hier unter der Themse war eben der einzige Ort, wo man mit Sicherheit den Luftangriffen der Deutschen entging. Man befürchtete Seuchen, aber gottlob trat das nicht ein.
Die Luftschlacht wurde dadurch beendet, daß es einigen Hunderten hervorragenden englischen Fliegern gelang, der deutschen Luftwaffe einen ganz entscheidenden Schlag zu versetzen.

Der Bischof vergaß seine deutschen Schützlinge in den Internierungslagern nicht. Pastor Hildebrand, der ebenfalls interniert war, schrieb über seinen Besuch:
„Als der Bischof erschien, konnte er kaum auf unser Willkommen antworten. Er war beinahe sprachlos und konnte nur stammeln. Es war ein unvergeßlicher Augenblick. Der Anblick der Flüchtlinge in ihrer neuen Gefangenschaft war einfach zu viel für ihn. Es war nicht allein eine Frage des Unrechts an seinen persönlichen Freunden, es war die moralische Last, die auf dem englischen Volk lag. Er hörte sich an, was wir zu sagen hatten, und handelte dann. Es war ihm klar, daß hier sofort etwas geschehen müsse. Auf dem Rückweg ging er auf die Zensurstelle des Postamts und inspizierte die dort seit 6 oder 8 Wochen liegenden

Postsäcke, auf die die Internierten vergeblich gewartet hatten, und gab ruhig und bestimmt zu verstehen, daß diese Briefe an die Menschen, an die sie adressiert seien, ausgeliefert werden möchten. Drei Tage später war das Camp von Briefen überflutet.

Am 6. August brachte der Bischof die Frage der Entlassung der Refugiés aus den Lagern erneut vor das House of Lords. Er erzählte von den hohen Stacheldrahtzäunen und Stacheldrahtpassagen und den Wachsoldaten, von den Haufen von Männern, begabten, vornehmen, brauchbaren Männern, die ziellos auf- und abliefen — zum Nichtstun verdammt. Er machte den Unterschied klar zwischen Angehörigen feindlicher Nationalität und Verfolgten. Er fragte: ‚Wissen Sie, meine Lords, daß von den 1 900 Internierten allein in Camp Douglas 150 in Konzentrationslagern in Deutschland gefangen waren?'"

Dr. W. Paton, der die internierten Refugiés auf der Isle of Man besuchte, sagte: „Ich war sehr beeindruckt von dem Geist dieser Männer und besonders von den Pastoren, die — zwischen uns gesagt — aus feinerem Stoff sind als die Pastoren der englischen Gemeinden. Was mich an Hildebrandt und Oelsner und einigen anderen beeindruckte, war die Art und Weise, in der sie im Camp Möglichkeiten für geistliche Arbeit fanden. Ich war tief bewegt und gedemütigt von diesen Männern, die mir wirklich hervorragende Christen zu sein scheinen."

Eines Tages erfuhr ich, daß Internierte entlassen würden, die ein Visum nach Amerika vorweisen konnten, und dachte sofort an Dietrichs letzten Rat für den Fall, daß wir England verlassen wollten, mich an seine amerikanischen Freunde, Prof. Niebuhr, Prof. Coffin und Prof. Lehmann zu wenden. Wirklich bewährte sich dieser Rat, denn ich bekam eine Einladung für Gert, mich und die Kinder, und meinem Mann wurde eine Dozentur angeboten. Da aber gerade ein Kindertransport nach Amerika torpediert worden war, konnten wir die Überfahrt nicht verantworten.

Die wesentlichste Hilfe hatte mir auch hier der Bischof von Chichester geleistet. Am 26. Juli 1940 bekam ich Gerts Telegramm: „Ich hoffe, um einhalbsechs in Oxford zu sein." Mir stockte das Herz vor Freude. Ich war so aufgeregt, daß ich ein ganz unruhiges Herz und wirklich Angst bekam, ich würde den Nachmittag nicht mehr erleben. Das Herumhopsen der Kinder konnte ich kaum mehr ertragen. Drei Stunden später fuhren wir zur Bahn. In dem Tagenotizbuch meines Mannes steht für diesen Tag nur in großen Buchstaben geschrieben: Freilassung.

Emigrationsexistenz während der Kriegsjahre

Ich fand meinen Mann wohlaussehend, aber es dauerte beinahe vierzehn Tage, bis er wieder ganz der alte war. Vierzehn Tage lang schrieb er eigentlich nur Dankesbriefe an die Engländer, die sich für ihn eingesetzt hatten. Ich hatte ihn ja nun nach Oxford versetzt, wohin ich immer schon gestrebt hatte, weil ich glaubte, daß wir dort die Gert interessierenden Juristen und die Engländer finden würden, mit denen wir uns am besten verstehen würden. Und dieser Schritt hat sich auch bewährt.

Freilich hatten das andere auch gedacht. So wohnten dort schon viele emigrierte Professorenfamilien. Die Väter waren allerdings fast alle noch in Internierungslagern. Die Kriterien, nach denen die Entlassungen der Internierten vorgenommen wurden, waren die folgenden: aus humanitären Gründen zunächst die Kranken, aus Nützlichkeitsgründen zweitens diejenigen, die für die englischen Kriegsanstrengungen von Bedeutung waren oder Engländer in eigenen Betrieben beschäftigten, und bei ihnen kam es auf die politische Einstellung merkwürdigerweise nicht an.

Mein Mann und ich waren jeden Tag von neuem glücklich darüber, daß wir wieder zusammen waren. Nun begannen freilich auch wieder die Berufssorgen. Kein Jurist kam in

England mit deutschem Recht voran. Die Situation war einfach so: die Menschen, die ausgewandert waren, befanden sich, oft ohne die Landessprachen zu beherrschen, meist ohne Geld, im Krieg in einem ihnen fremden Land. England läßt zwar den Flüchtling ein — das gebietet der Anstand, das ist Tradition — aber deshalb ist der Flüchtling noch nicht beliebt oder eingegliedert.
Eines Nachts läuteten alle Glocken — Oxford hat unzählige — und uns durchfuhr ein eisiger Schrecken, denn das war das Zeichen, daß die Invasion von England stattgefunden haben sollte. Der Gedanke war furchtbar. Aber wir konnten bald aufatmen, es war eine falsche Nachricht weitergegeben worden. Als die Luftschlacht um England vorbei war, legten sich diese Schrecken.
Auch in Oxford wußte man nie, wie lange man dort, wo man gerade wohnte, bleiben könne.
Oxford füllte sich. Viele Londoner, die den Bombennächten entfliehen wollten, fuhren abends noch eineinhalb Stunden, um nach Oxford zu kommen. Es fehlte an Quartieren, und jeder nahm lieber Engländer. Raum gab es hin und wieder, wenn ein Mann einberufen wurde, und die Frau zu ihren Eltern zog oder zu ihren Schwiegereltern. So trafen wir es 1941. Für 18 Monate bekamen wir ein kleines einfaches Reihenhaus ganz für uns allein. Das Haus gehörte einem Eisenbahnbeamten, der als Soldat eingezogen war. Es war unsagbar spießig eingerichtet, aber das interessierte nicht mehr. Es gab zu ebener Erde zwei Wohnzimmer, von denen Gert eines als Arbeitszimmer bekam, denn es ist ihm nicht gegeben, sich mitten im Getümmel in ein Buch oder eine Arbeit zu versenken. Hier trieben wir bald vormittags, sobald ich mit den Hauspflichten fertig war, dreimal in der Woche mit einer englischen alten Lehrerin Englisch, und sie half uns auch beim Übersetzen von Gerts Aufsätzen und der Korrespondenz.

Die Kinder hatten hier ihre Freiheit, konnten ihre Schulfreundinnen bei sich sehen und im Garten spielen.
Die nächste Wohnung brachte für die Kinder Schwierigkeiten. Sie bestand aus drei Zimmern in einem sehr schönen Haus, allerdings war es eine Dachwohnung, und die Küche lag zu ebener Erde. Die Vermieterin, die hysterisch schien, schikanierte unsere Kinder. Sie ließ uns nur den Hintereingang benutzen. Auch konnte sie mit einer Zeitung ins Zimmer stürmen und uns große Vorwürfe machen für alles, was das nationalsozialistische Regime an Verbrechen beging. Sie begriff offenbar nichts von unserer Lage. Sie tat selbst gar nichts, ließ sich bedienen, verhätschelte ihren Sohn, und als unsere neunjährige Tochter einmal die Vordertüre benutzte, schrie sie sie an: „Raus, raus, geh durch die Hintertür, wo du hingehörst." Als der Bischof von Chichester uns in Oxford besuchte, führte ich ihn absichtlich auch durch unseren Hintereingang, der durch die Küche führte. Ihm war das ganz gleichgültig, aber ich wollte damit unsere landlady beschämen, die dann auch sofort meinte, ich hätte den Bischof durch den Vordereingang hineinführen sollen. Ich sagte: „Unsere Gäste gehen mit uns durch denselben Eingang, den wir auch benutzen." Das war ihr dann doch sehr peinlich. Da diese Frau nicht in England geboren war, so ist sie für England, für englisches Benehmen, untypisch. Immerhin war sie die Frau eines Engländers, der an einem der ältesten Colleges lehrte. Für unsere Kinder war das eine ungute Erfahrung.
Sehr schön war es für mich, daß eine warmherzige, resolute Cousine, die auch mit einem „Nichtarier", einen Rechtsanwalt am Oberlandesgericht in Düsseldorf, verheiratet war, nun mit ihren 4 sehr netten Kindern in England lebte. Als sie uns in dieser Wohnung besuchte, meinte sie: „Was ist denn bloß aus euch geworden? Ihr flüstert ja nur noch

und wirkt völlig an die Wand gedrückt. Ihr müßt hier sofort ausziehen." Die Lage der Emigranten war eben eine andere als die der deutschen Flüchtlinge, die später durch die Kriegshandlungen des von Hitler verursachten und von ihm begonnenen Krieges vor den Russen fliehen mußten, blieben diese doch in ihrem eigenen deutschen Staatsgebiet unter ihren Landsleuten; sie waren Staatsbürger, die dieselbe Sprache sprachen, sie hatten auch größtenteils für Hitler optiert. Der Adel, der seine Güter verlor, war zwar der Verarmung ausgesetzt, konnte aber nicht deklassiert werden, er behielt seinen Namen, der ihn auswies.
Daß der rassische und politische Flüchtling, der nur unter Todes- oder Zuchthausgefahr sein Vermögen unter Hitler ins Ausland hätte mitnehmen können, zwangsläufig von Hitler damit im Ausland der Deklassierung ausgesetzt war, weil er finanziell ruiniert war, war eine besondere Teufelei. Und in England war das Klassenbewußtsein ein starker Faktor.
Die Rangeinbuße war damals ein besonderes Refugié-Problem. Die assimilierten Juden mochten oft nicht mit den Orthodoxen und Zionisten in einen Topf geworfen werden, die gebildeten Menschen auch nicht auf alle Fälle mit den ungebildeten. Um diese Zeit waren auch Refugiés, die nach Paris ausgewandert waren, auf ihrer zweiten Flucht in London eingetroffen, unter ihnen viele politisch Verfolgte. Auch Flüchtlinge, die nach Norwegen ausgewandert waren, suchten Asyl; so stellte sich auch das Problem einer wachsenden Überfüllung.

Dietrich schrieb damals optimistisch aus Zürich:
„Wir müssen wirklich dankbar sein für alles, was in dieser chaotischen Welt noch intakt geblieben ist. Ihr wißt, daß wir mit Euch sind in unseren Gedanken und Gebeten und wissen das auch von Euch ...

Ich glaube wirklich, daß der Tag nicht mehr fern ist, an dem wir uns wiedersehen werden mit unaussprechlicher Freude. Gott sei mit Euch und den Kindern und uns allen."

Unsere Töchter gingen jetzt in das Oxforder Gymnasium, an sich eine Internatsschule, die einen sehr guten Ruf, besonders tüchtige Lehrer und eine vorzügliche Direktorin hatte. Unsere Mädchen waren dort als day-girls, d. h. sie kamen mittags heim. Die Direktorin war über den Nationalsozialismus einigermaßen orientiert. Überhaupt haben die englischen Lehrerinnen sich in allen Schulen, die unsere Kinder besuchten, ganz vorzüglich bewährt. Es ist nie das leiseste antideutsche Verhalten spürbar gewesen. Manche waren sogar ganz ausgesprochen reizend zu den Kindern. Leider gab es aber in der Klasse, in der sich Christiane befand, immer ein Mädchen, das ein kleines Biest war und Christiane schikanierte. Da sie sensitiv, sehr zurückhaltend, still und scheu war, war sie ein geeignetes Opfer für die kleinen boshaften Geschöpfe. Es gibt wohl in allen Schulen solche Plagegeister, aber im fremden Land wird Gehässigkeit von den Kindern schwerer verkraftet. Für Christiane genügte ein Kind, eine häßliche Äußerung, um ihr den ganzen Schultag zu verderben und ihr ein großes Unsicherheitsgefühl zu geben. Sie zog sich dann zurück. Obwohl sie wenigstens eine nette Freundin hatte, schien sie doch einsam. Ganz augenfällig wurde mir ihr Isoliertsein, als ich sie zu einer Jahresausstellung von Schülerarbeiten begleitete. Christiane benahm sich dort, als sei sie eine ganz Neue, gewissermaßen, als sei sie hier an ihrem ersten Schultag. Trotzdem wollte sie absolut nicht fort in eine andere Schule. Sie sagte, es sei hier alles gut und schön, und sie wolle keinesfalls eine Änderung. Wahrscheinlich war es falsch, daß wir nicht eingegriffen haben und sie aus dieser Schule herausnahmen, denn sie war nicht sehr mit-

teilsam, und in ihrer Furcht, daß wir für sie eintreten könnten, erzählte sie die Ungezogenheiten und Bösartigkeiten, die ihr von einigen Kindern widerfuhren, uns oft gar nicht oder erst sehr viel später.
Unsere älteste Tochter hatte diese Schwierigkeiten nicht, vielleicht, weil sie sich schon politisch unterhalten konnte. Es gab jede Woche eine Stunde Gegenwartskunde, in der die wichtigen politischen und innerpolitischen Tagesereignisse anhand der Presse mit den Mädchen diskutiert wurden und Fragen gestellt werden konnten.
Beide Kinder waren gut in der Schule; Christiane ist sogar gleich nach einem halben Jahr ein Jahr „gesprungen", beide waren dann die Jüngsten in der Klasse. Vor allem Marianne hat die Emigration sehr bewußt erlebt. Später sprach sie ihre Gedanken in dem Gedicht „Exil" aus, das sie zunächst in englischer Sprache niederschrieb und dann ins Deutsche übersetzte:

Und wie er schauernd stand, gejagt, vertrieben
aus einer Heimat, die er sehr geliebt
hat sich der Himmel über ihm geweitet
ihm deutend, daß es keine Grenzen gibt.

Und wie er Raum um Raum verlassen lernte,
lernt er verlassen in der Zeit;
spürt alles von Vergänglichkeit durchleuchtet,
horcht, ist zum Abschied sehr bereit.

Kraft strömt ihm zu. Kennt keine Fremde,
nur Vaterland, soweit der Himmel reicht.
Wird nie mehr wie vor Zeiten Heimat finden.
Er ahnt es, dankbar. Und sein Herz ist leicht.

Man bewegte sich freilich früher in Deutschland auch im wesentlichen innerhalb der „Zunft" seiner Eltern. Ich entsinne mich aber doch, daß meine Mutter sofort dafür sorgte, daß ich mich um eine geflohene, baltische Mitschülerin kümmerte. Ich mußte sie mehrmals einladen, hatte aber das Gefühl, daß sie mir weit über war an Erfahrungen; die Baltin war siebzehn Jahre, ein völlig erwachsenes Mädchen und lief immer in einer geschenkten Matrosenbluse herum. Ich hatte großen Respekt vor ihr. Sie rauchte und wollte immer von den Russen und von ihrem Gut sprechen. Aber ich war eine dumme Gans von vierzehn und wollte mich über die Schule unterhalten, und so gedieh meine Freundschaft mit Ricarda nicht. Ich war auch einmal in ihr äußerst bedrängtes Zuhause eingeladen, wo mich der Rauch, die Enge, die vielen Verwandten und die vielen Flaschen auf dem Tisch befremdeten. Dies war die erste Flüchtlingsatmosphäre, die ich kennenlernte, und ich habe später in Oxford oft daran gedacht.
Erst fand ich die Schuluniform der Kinder so häßlich. Die Mädchen trugen marineblaue Trägerröcke in breite Falten gelegt und eine Hemdbluse mit einem Schulschlips. Der „alte Schulschlips" ist ja bei den Jungens eine Visitenkarte und spielt besonders bei den berühmten Internatsschulen eine große Rolle. Darüber kam ein marineblauer Blazer mit dem aufgestickten Schulwappen; ein runder marineblauer Hut mit dem Band in den Schulfarben krönte das Ganze. Es war ein wenig malerischer Anblick, aber diese Ausrüstung bewährte sich als höchst praktisch. Ferner schloß sie alle sozialen Unterschiede, die die Kleidung sonst zeigt, von vornherein aus, ebenso alle Gespräche über Kleider. Schmuck zu tragen, war untersagt, ebenso Lippenstift. Der Ton in der Schule war vernünftig, und erstaunlich gut waren die charakterlichen Beurteilungen der Kinder, die von den Lehrerinnen mit den Zeugnissen gegeben wurden.

Das Oxforder Gymnasium hatte sehr gute Lehrkräfte und relativ viele begabte Kinder. Die englischen Kinder wirkten auf uns sicherer und selbständiger als die deutschen. Im Umgang mit den Erwachsenen waren sie direkter und gewandter. Sie liefen weder weg noch starrten sie die Erwachsenen an, sie führten uns z. B. höflich ins Zimmer, baten Platz zu nehmen, und versuchten ganz reizend, eine kleine Konversation aufrecht zu erhalten, bis Mummy oder Daddy eintrafen.
In der Schule froren die Kinder alle. Die Kohlenfeuer oder Gasfeuer wärmten gerade der Lehrerin den Rücken. Die Mädchen trugen „mittens", das sind Handschuhe, die bis zum ersten Fingerglied reichen, damit konnten sie noch ganz gut schreiben. Wolle und noch einmal Wolle, das war die einzige Rettung, und die englische Wolle ist ja so ausgezeichnet. Milch und süße Brötchen in der Pause sind hier eine Notwendigkeit. Es gibt am ganzen Vormittag nur eine Pause für die Kinder.
Einen Knicks, abgesehen vom Hofknicks, gibt es nicht, aber schon dem Dreijährigen wird gesagt: „Mach ein recht freundliches Gesicht." Für mich haben die englischen Kinder einen ausgesprochenen Charme, auch wenn sie manchmal etwas naseweis sind. Die Selbstbeherrschung scheint angeboren. Einmal war ein Löwe morgens aus einem Schauwagen entschlüpft. Ein achtjähriges Mädchen begegnete ihm im Vorort auf dem Schulweg. Sie ging ins nächste Haus, läutete und fragte höflich: „Darf ich hereinkommen? Auf der Straße ist ein Löwe." Kein Geschrei ertönt, keine Angst wird gezeigt, und man bleibt sogar höflich. Uns beeindruckte das damals sehr. Ich glaube, in einer Situation, in der in anderen Ländern Panik ausbricht, wird in England noch eisern die Ruhe bewahrt.
Unsere Bekannten nahmen das Erziehungsproblem sehr ernst. Ihre Ideale waren: das Kind sollte unverwöhnt, nicht

destruktiv und kein Spielverderber werden. Ihre Vorstellung von guter Kameradschaft bezogen sie auch auf andere Gebiete, wo Konkurrenz und Neid aufkommen konnten. Jeder soll seine physische Aggression zurückhalten, jedoch seine höchste Energie und Meisterschaft einsetzen. Dieses unterstützen die festen Spielregeln. Aber auch Rache- und Haßgefühle gegenüber dem Sieger müssen absolut überwunden werden. Der Aspekt der Fairneß, der schon den Kindern nahegebracht wird — z. B. daß sie nicht die Spielsachen der anderen verderben —, kommt auch hier zum Zuge. Es wurde angenommen, daß die ungebändigte Natur des Kindes zu unsozialem Verhalten führt, deshalb muß sie diszipliniert werden. „Es ist unfair", ist ungefähr die schlimmste Anschuldigung. Und derjenige, der die Selbstdisziplin eines anderen ausnutzt, würde in den Augen der Engländer diesen Vorwurf mangelnder Fairneß verdienen, im Sport wie im täglichen Leben. Schon Wettbewerb unter Arbeitern und das Benutzen der Ellenbogen wird als unfair betrachtet, und diese tief verankerte Meinung mindert wohl letzten Endes auch den output in der Industrie.

Ich beobachtete in England immer wieder, daß die Mütter nicht so sehr in den goldenen Kelch sehen und ihren Kindern gegenüber kritischer sind als wir. Im allgemeinen sind die englischen Eltern sehr zurückhaltend, sich positiv über ihre Sprößlinge zu äußern. Das gehört wohl nicht zum guten Ton. Es gibt andererseits die reizende Geschichte von der englischen Mutter, die ihren Sohn mit seinen Kameraden marschieren sieht und voller Stolz ausruft: „Alle sind außer Schritt, nur mein Johnny nicht!"
Sehr bewundert habe ich während des Krieges die jungen Frauen der Oxforder Universitätslehrer, die mit ihren drei bis vier Kindern in sehr unpraktischen Häusern — teils noch mit offenen Kaminfeuern — alles ohne Hilfe machten

und nie klagten. Freilich halfen schon damals die englischen Männer sehr viel bei der täglichen Arbeit, und abends badeten sie oft mit viel Spaß ihre Kinder. Der Kinderwagen wurde vom Vater geschoben, und die Mutter ging nebenher. Ein Engländer nimmt überhaupt der Frau die körperliche Arbeit möglichst ab, wenn er sie nicht mit einer Hilfe versorgen kann, z. B. das Mülleimerheraustragen, das Reparieren von Dingen, Bödenbohnern, Feuermachen, Schuhputzen und dgl. mehr. Aber so war es im Frieden. Als die Männer dann eingezogen waren, lag wirklich sehr viel auf den jungen Frauen, wie in allen Ländern. Die englischen Soldaten, die auf Urlaub kamen, zogen sofort ihre Uniform aus und trugen Zivilkleider. Erst dann fühlten sie sich wieder zu Hause.
Nach seiner Arbeit darf man einen Engländer nicht als erstes fragen. Sie hassen die Betrachtungsweise der Menschen, welche die Arbeit und das Geschäft für wichtiger halten als seinen „way of life", die Art und Weise, wie der Mensch als Mensch ist, lebt, sich verhält. Nach seinem hobby darf man gleich fragen. Alles Berufliche wird dem, was der Mensch sonst denkt, treibt und empfindet, untergeordnet. Die Leistung kommt erst hinter dem „human being", das nie als Wesen für einen bestimmten Zweck angesehen werden darf. In allen Klassen ist hier der Engländer sehr empfindlich.

1940 entstand eine Refugié-Gemeinde in Oxford. Pastor Kramm, der im Mansfield-College studiert hatte, war in England geblieben. Er wurde nun unser Pfarrer. Die wunderschöne St. Marys Kirche mit den alten gotischen Türmen und dem Barockportal, in der sonst Gottesdienst der Church of England gehalten wurde, öffnete alle vierzehn Tage sonntags nachmittags um 4 Uhr ihre Tore für unseren deutschen, lutherischen Gottesdienst.

Kramm war ein guter Pfarrer, Helfer und treuer Seelsorger. Marianne ging mit Begeisterung in seine Konfirmandenstunde, zusammen mit einem anderen Mädchen. 1943 wurde sie auch in St. Mary's Kirche eingesegnet. Wir hatten immer gehofft, daß Dietrich sie später konfirmieren würde, aber die Jahre vergingen, und wir konnten nicht länger warten. Nach den Gottesdiensten traf man sich immer oberhalb der Sakristei in der Bibliothek, trank dort Tee und unterhielt sich mit der Gemeinde. Der Pfarrer lebte — wie in England vielfach — von dem, was unsere Kollekte einbrachte. Da er unverheiratet war, reichte es aus. Er war ein Lutheraner, intelligent und politisch wie kirchenpolitisch sehr interessiert. Leider starb er — noch sehr jung — bald nach dem Kriege.

Von Oxford weiß man, daß es 1163 seine Universität gründete. Von Boarshill aus ist der Blick auf Oxford mit seinen unzähligen Türmen ganz bezaubernd. Aber nur, wer in Oxford Bescheid weiß, kann seine Schönheiten voll und in Ruhe genießen, und nur dann wachsen sie einem ans Herz. Meistens gelangt man durch einen schmalen Torweg, über dem das Wappenschild des College in Stein gehauen prangt, an dem porter vorbei in den ersten Vorhof des College. Es gibt wunderschöne, bronzene und alte schmiedeeiserne Tore und Ehrenpforten, durch die die Studenten gehen, wenn sie in diesem College ihren akademischen Grad empfangen haben. Man kann in St. Johns Gärten wie in denen der anderen Colleges sich in der Stille in eine Entrücktheit, in eine mittelalterliche Welt hineinträumen, oder man kann ganz ungestört lesen, während stille Gärtner den Rasen schneiden oder die Staudenbeete an den alten Mauern pflegen. Die laute Welt auf der Cornmarket Street mit den aus den Morris-Werken strömenden Menschen und Autos versinkt und ist hier unhör-

bar. Es sind ja nicht nur die Fassaden, die die Straßen säumen und die schon sehr edel sind, das Schönste verbirgt sich erst hinter den Pforten der Colleges.
Es gab 25 dieser ehrwürdigen alten Männer-Colleges in Oxford, dazu einige Neugründungen der letzten 75 Jahre, aber nur 5 Frauen-Colleges.

An Reisen und Urlaub dachten wir während des Krieges gar nicht, aber wir verbrachten vom Frühling bis zum Herbst viel Zeit in den verschiedenen College-Gärten, wenn das Wetter es irgend zuließ. Nie bin ich soviel zum Lesen gekommen wie in England, obwohl ich sehr viel Arbeit hatte. Es war nicht nur eine Freude, sondern einfach eine Notwendigkeit, wenn man sich unter den Oxforder Menschen einleben und mit ihnen unterhalten wollte; denn wir wußten ja wirklich noch so sehr wenig von England. Ich las englische Biographien, englische Geschichte, die großen englischen klassischen Romane und viele Neuerscheinungen von uns bekannten religiösen und politischen Schriftstellern. Dazu verhalfen uns die Stadtbücherei, die College-Bibliotheken und Blackwell, das bedeutende Verlagshaus mit seinem großen Sortiment. Man konnte bei Blackwell alles in Ruhe durchblättern und für Stunden lesen. Jemanden zu finden, der einem etwas verkaufen wollte, war meist schwierig. Beinahe täglich wechselte man Bücher in der Stadtbücherei aus. Marianne brachte uns die Dichter W. H. Auden — der Thomas Manns Tochter Erika geheiratet hatte — T. S. Eliot, C. Day Lewis, Christopher Isherwood, Stephen Spender, Louis MacNeice und viele andere moderne Autoren nahe.
Was für die Deutschen ihre Musikabende sind, waren für die jungen Engländer ihre Literaturklubs. Lyrik- und Schauspiellesungen, das war ihre Freude. Die Oxforder Studenten waren auch erstaunliche Schauspieler, ich glaube, daß das

Schauspielern überhaupt eine allgemeine Begabung der Engländer ist. Auch machen sie auffallend gute Gedichte schon in einem relativ frühen Alter.
Aber einmal staunte Marianne doch sehr: Sie hatte über die Beziehung von Tod und Liebe in der deutschen Dichtung gesprochen, eine Beziehung, die wohl unbestritten ist. Aber ein junger Engländer, der deutsche Literatur studiert hatte, sagte daraufhin zu ihr: „Wirklich, Marianne, ich sehe nicht den geringsten Zusammenhang zwischen Liebe und Tod. Das scheint mir absurd zu sein. Es gibt wirklich keine Beziehung zwischen beiden." Für Todesmystik hatten die meisten Engländer kaum Verständnis.
Die Originale blühen in Oxford. Ich erinnere mich eines guten Freundes von uns, eines Oxforder wohlbestallten Professors, der jeden Nachmittag drei Stunden über Land wanderte und einmal tropfnaß zur Teestunde bei uns eintraf. Ich fragte ihn, ob er nicht meines Mannes Hausschuhe anziehen und auch die Strümpfe wechseln wolle. Ehe ich ihn aus dem Eßzimmer führen konnte, war er bereits barfuß und hängte seine Strümpfe vor unserem offenen Kamin auf, daß sie tüchtig dampften. Nun waren auch seine Manschetten naß, und er zeigte mir ganz betreten, daß sie ganz ausgefranst waren. Er meinte dazu, für solche Sachen gebe er nicht gern Geld aus. Ein Hemd sei ihm nicht mehr als fünf Mark wert, und dafür bekäme man jetzt keins mehr. Der Engländer liebt seine alten Anzüge, seinen alten Regenmantel. In Neuem ist er unsicher. „Lieber schäbig als elegant", galt besonders für Oxford.
Auch neue Autos sind keine Quelle des Stolzes; sie fallen auf, und sie sollen eigentlich nur fahrtüchtig sein, das genügt den meisten Engländern. Auch neue Koffer liebt der Engländer gar nicht. Ein Lederkoffer muß unscheinbar sein. Die eigentümlichsten Kisten, Kästen und Koffer gehen oft strickumwunden auf die Reise.

Das Exzentrische hat für den Engländer eine Faszination, zumindest begegnet man ihm tolerant. Wenn in Deutschland eine Frau achtundvierzig Katzen hat und diesen ihr ganzes Haus zur Verfügung stellt, sagt man, sie sei verrückt. Eine solche Dame lebte in unserer Straße. In England sagten ihre Nachbarn: „Sie liebt wirklich Katzen, nicht wahr? Sie können solche Lieblinge sein, nicht wahr?" Spleenige und kapriziöse Menschen darf es eben auch geben. Manchmal hatte ich den Eindruck, daß die Engländer die Mannigfaltigkeit der Stimmen der Menschheit als eine große gottgewollte Symphonie empfinden, in der eben jeder seine Stimme haben darf. Unter den Künstlern, unter den Literaten, unter den Professoren findet man zahlreiche „cranks", hier würde man vielleicht sagen, überspannte Neurotiker, verstiegene schrullige Leute. Jeder darf alles versuchen. Erfahrungen sind dem englischen Menschen immer viel interessanter als alle Doktrinen. An seltsamen Erfahrungen wurde nun auch unser Leben reich.

Einmal, als wir für ein paar Tage nach London gefahren waren, bemerkte ich bei unserer Rückkehr, daß in meinem Bett inzwischen jemand geschlafen hatte. Ich sagte dies der Landlady, die mich höchst erstaunt ansah und meinte: „Ja, das war nur Hugh, er war zum Wochenende hier." Hugh war ihr Sohn, der in der Luftwaffe war. Als ich um frische Bettwäsche bat, war sie höchst gekränkt.

Ihre Pension wurde von zwei Putzfrauen in Ordnung gehalten. Es gab in dieser einstigen Villa nur zwei Bäder und zwei angeschlossene Waschtische. Diese standen zu bestimmten Zeiten, die eingehalten werden mußten, den fünfzehn Gästen zur Verfügung. Heißes Wasser zum Baden gab es glücklicherweise immer durch den Gas-Geyser, in den man Shillings stecken mußte. Jeder sollte Bad und Waschtisch sauber hinterlassen. Aber mir war die Sauberkeit nie ausreichend, und wir zogen immer mit einer gro-

ßen Flasche Dettol-Desinfiziens, unsern Waschbeuteln, Frottierhandtüchern über dem Arm, ins Bad, da während des Krieges sehr verschiedenartige Menschen in dieser Pension untergekommen waren, auch manche recht exzentrische Gestalten.
Für uns Vertriebene gab es so ungewöhnliche Situationen, so veränderte Umstände über lange Jahre, daß ich mir manchmal wie im Märchen vorkam und mich fragte: „Bin ich's oder bin ich's nicht?" Aber der Humor half einem immer wieder darüber hinweg.

Da auch im Großbürgertum heute nur noch selten Hausangestellte und Butler beschäftigt werden, hilft selbstverständlich der Hausherr mit. Schon immer war er beim Frühstückausteilen und beim Bratenschneiden behilflich gewesen. Freilich, eine Teekanne zu berühren, wäre ihm unmöglich gewesen. Sie ist unbedingtes Attribut der Frau des Hauses. Diese muß auch im Kopf behalten, wer von den Gästen — die sich zum Tee auch jederzeit ungeladen einfinden konnten — zwei Stückchen Zucker oder ein Stück in ihren Tee getan haben wollten, welche Gäste ohne Zukker und welche mit oder ohne Milch ihren Tee liebten. Mir gelang es schlecht, das zu behalten. Aber selbst während der „Schlacht um England" wurde der Tee weiter zeremoniell gereicht. Die Hausfrau sitzt beim Ausschenken des Tees. Der Hausherr reicht die Tassen weiter. Kein Herr sitzt, während eine Dame steht, und er erhebt sich immer, wenn sie eintritt, ebenso wenn sie hinausgeht oder wieder hereinkommt.
In Oxford luden uns einige Professoren, die begriffen hatten, daß wir als Deutsche zwar als „feindlicher Ausländer" abgestempelt waren, aber doch gar nicht in diese Kategorie paßten, manchmal zum Tee in ihre Colleges ein. Nach einer dreiviertel Stunde gehörte es sich, sich wieder zu empfeh-

len, oft gerade, wenn man ins Gespräch gekommen war; aber andererseits wurde so nicht der ganze Nachmittag von der Einladung in Anspruch genommen. Ehe wir das wußten, machten wir einmal bei einer alten Dame einen Teebesuch, die offenbar bald befürchtete, daß wir ihr zum Abendbrot erhalten blieben, und so wurden wir von ihr auf die Beine gebracht, indem sie uns liebenswürdig in ihren Garten führte, „um die Blumen anzusehen", die kaum vorhanden waren, und am Gartentor stehenblieb, so daß uns klar wurde, daß wir unseren Besuch zu beenden hatten. Als wir einmal fünf Minuten nach halb fünf zum Tee erschienen, merkten wir, daß uns dies als eine Unhöflichkeit verbucht wurde. Es war so vieles umzulernen. Unsere Kinder mußten z. B., nachdem sie gerade gelernt hatten, daß man in Deutschland die Linke beim Essen auf den Tisch legt, hier die Hände vom Tisch herunternehmen; auch daß man Kartoffeln mit dem Messer schneiden darf, erstaunte uns. Mir wurde es schwer, rechtzeitig daran zu denken, daß ich die Herren, die ich kannte, auf der Straße zuerst zu grüßen hatte. Als es mir schließlich geläufig geworden war, erschreckte ich dann später in Göttingen die Herren mit dieser Gewohnheit. Auch daß man niemals nach dem Beruf eines Menschen fragen durfte, noch nach dem Beruf seines Vaters, erschwerte manches.
Als große Erleichterung empfand ich, daß der Antisemitismus meinem Mann und meinen Töchtern gegenüber hier überhaupt kein Problem mehr war. Wer getauft war, war ein Mitglied der Kirche, und seine „Rasse" interessierte nicht. Ich will damit nicht behaupten, daß es in England keinen Antisemitismus gibt, aber uns gegenüber war er nicht spürbar, und während der Verfolgung der Juden durch Hitler hatte er in England keinen Boden. Fremdheit und Feindschaft ergaben sich hier aus der Tatsache, daß wir Deutsche waren.

Die „Deutsche Rundschau" brachte im September 1953 eine Übersetzung eines Gedichtes „Exil", das meine Tochter Marianne damals in England verfaßte:

Sehr oft erschrickt er.
Regen, Duft, ein Ton —
sie pochen Bilder wach vom andern Leben,
dem er gehörte,
jetzt verflucht zum Schaun,
von einer Bühne rings umgeben.
Vom Abriß blutend,
krümmen seine Wurzeln sich einwärts.
Boden von Granit!
Versuch wird jäher Rückprall!
Dieser Kreis war längst geschlossen.
Er steht draußen, schaut und sieht.
In nassen Nächten
läuft er lang durch Straßen, sucht:
Lichter, Stimmen schwimmen und verwehn —
ist dieses Gitter wirklich?
Und er faßt es.
Vom Tannenduft erschrocken
bleibt er stehn —
Symbol erkennt er sich;
er stolpert, reckt sich:
es ist ein Stern,
ein einzger Stern zu sehen.

Nachdem Dietrich im Mai 1942 Fotografien unserer Kinder bekam, schrieb er:
„Was wird mit Mariannes Konfirmation? ... Ich hoffe, Marianne wird eine gute Zeit mit Eurem methodistischen Pfarrer haben. Es ist so wichtig, daß sie den Weg zum Christentum findet und zur Kirche. Es gibt so viele Er-

fahrungen und Enttäuschungen, die zum Nihilismus und zur Resignation führen, besonders grade für sensitive Menschen. So ist es gut, früh genug zu lernen, daß Leiden und Gott keine Widersprüche sind, sondern eher eine Einheit. Für mich ist der Gedanke, daß Gott selbst leidet, immer eine der überzeugendsten Lehren des Christentums gewesen. Ich denke, daß Gott dem Leiden näher ist als dem Glücklichsein, und Gott im Leiden zu finden, gibt Frieden und Ruhe und ein starkes, mutiges Herz. Es hat mich sehr bewegt, worüber Du mir vom 90. Psalm schriebst, und daß Marianne den Vers ‚harre auf Gott' so liebt. Wie gern würde ich mit ihr über alles dieses sprechen. Als mein Patenkind ist sie besonders in meinem Herzen und in meinen Gebeten ..."

In Berlin machten sie sich Sorgen um unsere Zukunft. Noch im März 1941, auf einer Reise aus Zürich, schrieb Dietrich, um uns nach Brasilien weiterzuhelfen, an eine nach dort emigrierte Bekannte:

„Die Eltern sind Ihnen sehr dankbar (und wir alle natürlich!) für alles, was Sie uns über Sabine geschrieben haben. Bei uns geht alles so weit ganz gut. Suse ist mit den Kindern noch nicht in die Berge gereist. Aber es wird wohl noch nötig werden. Die Eltern leiden doch sehr unter der Zeit. Es ist für alte Menschen etwas reichlich! Mir geht es wie immer. Wissen Sie nicht für Gert etwas Schönes in Brasilien? Die letzten Briefe klangen etwas niedergeschlagen. Es wäre so eine unvergleichliche Beruhigung. Aber ich weiß ja, wie schwer das jetzt ist. Vielleicht ergibt sich aber doch noch etwas ..."

Ich konnte vor allem die alten vertriebenen Menschen nicht genug dafür bewundern, wie sie sich mit ihrem Schicksal und dem Lauf der Dinge abfanden und wie sie sich freuten, daß die junge Generation vorankam, sich bewährte, in der Schule, im Studium oder im Beruf. Wir waren eine Gruppe von sehr verschiedenen Menschen und waren doch eine große Schicksalsgemeinschaft. Viele junge Leute zwischen zwanzig und dreißig erhielten schon ihre alten Eltern mit, als Schwestern, als Optiker, als Haushälterinnen und Verkäufer. Die meisten von ihnen hätten in Deutschland freilich studieren und andere Berufe ausüben können.

In Oxford haben wir sechsmal unsere Wohnung wechseln müssen. Da wir in England kein einziges Möbelstück besaßen, keine Hauswäsche, keine Küchensachen hatten, war es nicht zu schwierig. Andererseits ist es eine unerfreuliche Situation, mit seiner Familie neun Jahre lang aus 16 Koffern zu leben, von denen manche Bücher enthielten und Manuskripte, für die es fast nie Raum zum Aufstellen gab. Ich entsinne mich, wie mein Vater, als er mich in Holland in den Koffern graben sah, nur einen bedauernden Blick auf mich warf und ein „alle Achtung!" ausstieß.

In jenen Jahren in England machte ich aber auch die Entdeckung bei mir, daß ich mich — weil es optisch so wenig beglückend in unseren möblierten Wohnungen war — von den mich umgebenden Dingen ganz lösen konnte. Ich möchte sogar sagen, die Situation verinnerlichte. Man lebte in einer geistigeren Atmosphäre als in Deutschland heute. Auch die Gespräche in Oxford gingen nicht über materielle Dinge, sondern über Gedanken politischer, soziologischer, religiöser und pädagogischer Art. Daneben gab es freilich auch Sport- und Kunstgespräche.

Die Verluste, die die englischen Familien erlitten, trafen auch uns schwer. Sehr zurückhaltend waren unsere englischen Freunde im Klagen, und sie gaben sich die größte Mühe, ihre Trauer zu verbergen. Aber auf das Foto des gefallenen Sohnes oder Mannes deuteten sie doch liebevoll, wenn man ins Zimmer trat, und so ein freundlich blickendes Foto stand dann sehr lebendig zwischen uns und ließ uns zusammenzucken, und es legte sich wie eine Last auf uns — unsere Gedanken flogen dann auch nach Deutschland.

Eines Morgens, 1940, entdeckten die Kinder, daß von dem Schild über der Oxford High School das Wort „Oxford" schwarz überstrichen worden war. Überall war das Wort „Oxford" in der Stadt ausgelöscht. Das war als Vorsichtsmaßnahme gegen die Fallschirmjäger gedacht, damit sie sich nicht orientieren könnten. Auch die großen Schilder auf den Bahnhöfen verschwanden an vielen Orten. Uns schien diese Maßnahme naiv. In diesen Tagen wurden auch über die großen Rasenflächen Oxfords Hindernisse gespannt, die das Landen verhüten sollten.

Ich gewann immer wieder im täglichen Leben den Eindruck, daß das „fair play" die Grundlage des englischen Handelns ist. Die meisten englischen Menschen verstehen es, mit einer natürlichen Sicherheit die eigenen Belange mit den Interessen der Allgemeinheit in Übereinstimmung zu bringen.

Die Moral in bezug auf den Schwarzhandel war sehr hoch. Ich weiß nicht einmal, ob es überhaupt richtigen Schwarzhandel gab. Das Schlangestehen wurde ohne Murren ertragen, obwohl es sehr mühsam war. Die Rationierung setzte sehr bald ein, mit Fett, Zucker, Fleisch; beinahe mit allem mußte man sehr haushalten. Die Engländer sind große Fleischesser und litten unter der kleinen Fleischration. „Noon-meat" — Mittagsfleisch — war ja der mittelalterliche Ausdruck für den Lunch, während wir Mittagbrot dazu sagen. Jedoch hungrig brauchte in England im Krieg niemand zu sein. Es gab jedoch den Refugiés gegenüber auch mißgünstige Engländer. Als Marianne einmal bei der

Pensionsvorsteherin unser Essen holte, sagte deren Tochter: „Mutti, warum gibst du diesen Leuten überhaupt zu essen?"

Die Teeration war für die Deutschen viel zu groß. Hiermit konnten wir die englischen Freunde erfreuen. Kaffee war nie rationiert, aber er wurde damals in England auch kaum getrunken. Doch Tee gibt es eben als „early morning tea" um 7 Uhr, als Getränk zum Frühstück um 9 Uhr und um 11 Uhr als zweites Frühstück, manchmal gleich nach Tisch, jedenfalls immer wieder als tea for tea um 4.30 Uhr und manchmal noch als „Nachttrunk". Der Nachttrunk bestand jedoch vorzugsweise aus einem heißen Milchgetränk. Er gehört zum Zubettgehen wie die Wärmflasche. Ohne die Wärmflasche wäre man nach dem Bad in ein schauerlich klammes Bett gekommen, denn man schlief ja ungeheizt. Ich machte jeden Abend vier bis sechs Wärmflaschen, plättete die Bettlaken damit warm und legte sie an das Fußende der Betten. So konnte man wenigstens warm einschlafen.

Die englische Kohle für die offenen Kamine sah wunderschön aus, in der Struktur schieferartig. Große fettglänzende schwarze Brocken, von denen wir manche erst kleinschlagen mußten, kamen in Säcken und wurden einfach neben dem Kücheneingang auf der Erde im Freien gelagert. Während des Krieges wurde die Kohle rationiert, weil zu wenig Bergarbeiter da waren. Trotz der dauernden Nässe brannte die Kohle herrlich. Morgens fand man allerdings immer eine schwarze Staubschicht auf allen Möbeln. Es ist auch ein schweres Geschäft, so ein Feuer zu „bauen". Man zieht besondere Fäustlinge dazu an und hat allerhand Geräte, die man in der Nähe des Feuerplatzes an einem Ständer aufhängt. Davor sitzend möchte man manchmal eine Art kleinen Winterschlaf halten, aber so ein flackerndes Feuer gibt immer zu tun. Die Engländer stricken und lesen vor allem an der „fireside", und wir lasen auch viel am Feuer. Es ist der gemütliche Mittelpunkt des Zimmers, der mir später in Deutschland erst sehr fehlte. Wie sollte man sich abends denn gruppieren, sollte man sich vielleicht vor die Zentralheizung setzen? Zentralheizung ist in englischen Privathäusern noch eine große Seltenheit. Es gibt aber auch noch die praktischeren Gasfeuer und elektrische Öfen, die transportabel sind oder in den Kamin eingebaut werden.

Die Briten sind wirklich ein bescheidenes Volk; sie beklagten sich nicht, und sie stöhnten auch nicht über zu geringe Rationen. Sie sagten: „Wir dürfen doch nicht klagen, nicht wahr?" Nicht zu klagen, Geduld zu haben, diese Forderung an die Selbstdisziplin haben den englischen Menschen geprägt. Aber auch wir hielten es so, Gert, der räumlich doch sehr verwöhnt aufgewachsen war, war immer mit allem zufrieden. Zu Hause fand er es unter allen Umständen immer sehr gemütlich. Nicht alle Vertriebenen reagierten so.

Noch eines fiel mir im englischen Gesellschaftsleben auf, was in Deutschland verloren gegangen ist: man hält sich zurück mit dem, was man weiß. Man kann Ansichten haben, man kann glauben, daß etwas „wohl so sei", aber man weiß es nicht so bestimmt — „it may be" — und doziert folglich auch nicht. Das deutsche Wort „Standpunkt" finden Engländer eigentlich komisch, so wie sie „das Weltanschauung-haben" und das „Kultur-haben" als etwas anmaßend belächeln.

Jeder Engländer möchte sein eigenes Häuschen haben, und wohl die meisten Engländer bewohnen kleine Häuser. Deshalb dehnt sich London so entsetzlich weit aus. Dahinter steht vor allem der große Wunsch des Engländers nach privater und individueller Existenz. Die Gärten mit den hohen Mauern sind ein Zeugnis dafür. Aber in derselben

Weise, in der der Engländer seine eigene private Sphäre schützt, respektiert er auch die der Nachbarn. Im Vorbeigehen in ein Fenster hineinzuschauen, ist etwas ganz Unmögliches. Man darf schon gar nicht nahe an den Fenstern vorbeigehen. Es könnte sein, daß man dann schon für „peeping-in" zur Rechenschaft gezogen würde.
Manchmal wurde der Süden Oxfords vom Hochwasser überschwemmt. Es wunderte mich immer, daß die Häuser wieder trocken wurden. Sogar die Schwäne erschienen, und unser Garten verwandelte sich in einen Teich. Am Ende des Gartens stand ein „shed" mit Fenstern, hübsch umrankt, und war eigentlich die Werkstatt für die „hobbies". Wir hatten unsere vielen Koffer dort untergebracht, denn das Haus hatte keinen Keller, und sonst gab es keinen Platz. Wenn das Wasser hoch stieg, mußten wir unsere „wellingtons" anziehen, hohe Gummistiefel, die dort schon jedes Kind besitzt, und die Koffer so über den „Teich" dirigieren, daß sie bis ans Haus schwammen.
Ich habe kaum einen Engländer gekannt, der nicht Gartenarbeit liebte und ihr etwas Zeit einräumte oder jedenfalls schöne Rosen züchtete. Rechts und links klapperten ihre Gartenscheren, wurden die Ligusterhecken geschnitten, und unter ihren Händen gediehen die Pflanzen, von denen sie gerne verschenkten. Sie gaben auch gern gärtnerischen Rat. So still vor sich hin zu „pottern" — mit der Pfeife im Mund, das lieben sie. Der gewöhnliche Mann, der einen Garten hat, hat auch einen shed, einen Schuppen mit einer Werkstatt. Dort hat Mr. Miller seine Werkzeuge und auch seine Ruhe für seine vielen Hobbies, die aus Basteleien, Züchtungen, Reparaturen und ähnlichem bestehen, — und hier stört ihn auch Mrs. Miller nicht. Den Garten hält eigentlich immer der Familienvater in Ordnung. Man kann in England fast das ganze Jahr über im Garten arbeiten. Sollte es einmal schneien, was einer nationalen Katastro-

phe gleichkommt, so liegt der Schnee kaum ein paar Tage. Man ist nie für Schneefall vorbereitet, das ist seltsam. Auch eingefrorene Wasserabflüsse werden lächelnd ertragen, selbst wenn man das WC von guten Freunden oder getreuen Nachbarn aufzusuchen hat.

Als am 22. Juni 1941 die Nachricht von Hitlers Angriff auf die Sowjetunion in England durchkam, spürte man überall ein Gefühl der Entspannung. „Solange kann es jetzt nicht mehr dauern." „Auch Napoleon hat es nicht geschafft", und mehr dieser Äußerungen wurden laut.
Hitlers Attacke wurde auch als Befreiung von dem unmittelbaren Druck der drohenden Invasion begrüßt. „Nun hat Hitler sich übernommen und die Wende des Krieges selbst herbeigeführt!" hieß es jetzt. Landkarten von Rußland wurden aufgehängt und die Lage abgesteckt. Aber der Vormarsch der deutschen Truppen bestürzte dann doch die Menschen in England. Weißrußland und die Ukraine wurden überrannt. Während der Vormarsch nun mit Riesenschritten voranging, erschien an den Mauern Londons immer wieder der Aufruf: „Jetzt die zweite Front!"
Vor Leningrad und vor Moskau kamen dann die Angriffe zum Stehen, denn dem russischen Winter war die deutsche Armee nicht gewachsen. Im Februar 1943 kapitulierten die erschöpften deutschen Armeen in Stalingrad und im Mai 1943 die deutsch-italienischen Armeen in Tunis. Im Juli 1943 landeten die Engländer in Sizilien.

Im Juni 1942 fuhren wir nach Cambridge zu einer Tagung der „Christlichen Bruderschaft im Kriege", auf der Gert ein Co-Referat zu William Patons Vortrag hielt. Plötzlich erschien der Bischof von Chichester mit einigen getippten Bogen in der Hand und sagte, er wolle Gert und mich sprechen. Er kam direkt aus Stockholm und hatte inzwischen

unverhofft Dietrich dort getroffen*. Er brachte Dokumente von Dietrich über die Widerstandsgruppen und die Namen der Offiziere mit, die am Umsturz mitwirken würden und breitete alles vor uns aus. Wir lasen mit großem Herzklopfen. Dietrich hatte in der Schweiz erfahren, daß der Bischof in Stockholm sein werde, und sich sofort nach Schweden begeben. Er hatte dem Bischof die Bitte vorgetragen, dieses alles Eden vorzulegen, mit ihm zu sprechen und sobald wie möglich über das Ergebnis der Aussprache Nachricht zu geben. Wir waren erschüttert. Das Gefühl, so frische Nachricht von Dietrich zu haben, verbunden mit dem Schmerz, ihn nicht gesehen zu haben und ihn wieder in Deutschland zu wissen, war furchtbar erregend. Mir versank alles, was auf dieser Tagung vor sich ging. Die große Gefahr, der meine Geschwister, Freunde und diese Offiziere sich aussetzten, lastete schwer auf uns. Die eifrige Bereitschaft des Bischofs, so bald wie möglich Eden zu erreichen, freute uns freilich, aber die Sorge, wie das alles enden werde, drückte uns unsagbar. Mir war auch angst, man könnte mit Dietrichs Namen nicht diskret genug umgehen, und etwas würde davon in die Presse durchsickern; aber nichts dergleichen geschah. Der Bischof hatte Dietrich sehr abgeraten, zurückzugehen, und hatte ihn gleich nach England mitnehmen wollen, aber Dietrich lehnte das ganz eindeutig ab im Hinblick auf alle, die in Deutschland mit ihm Kontakt hatten. Er wollte niemand ins Unglück stürzen. Der Bischof war traurig, als er uns das erzählte.
Bald kam auch eine Nachricht, in der Dietrich uns von der allgemeinen Ausbürgerung der sich im Ausland befindenden „Nichtarier" berichtete, von der wir auch schon gehört hatten. Dietrich schrieb in seinem Brief: „So weit ich die

* Dietrich hatte durch die Abwehr einen Kurierpaß, der ihm diese Auslandsreisen ermöglichte.

Zukunft voraussagen kann, ist das eine gute Sache für Euch und wird Eure Rückkehr an dem Tag, nach dem wir uns alle sehnen, nur erleichtern".

Während seines Stockholmer Aufenthaltes schrieb Dietrich uns u. a.:
„Ich hatte eine höchst erfreuliche Zeit mit George (Chichester). Ihr habt gewiß auch einen Brief von ihm bekommen. Ich bin immer noch Optimist genug, zu glauben, daß es nicht mehr lange dauern wird, bis wir uns wiedersehen. Mein Herz ist voller Dank für die letzten Tage. George ist eine der großen Persönlichkeiten, die mir in meinem Leben begegnet sind."

Eden lehnte alles ab. Das Motiv der Ablehnung war offenbar, daß der Krieg, der ja nun im nationalistischen Fahrwasser war, jetzt im nationalstaatlichen Sinne zu Ende gefochten werden müsse. Auch wollte man mit den Russen wohl nicht wegen einer Sonderabmachung brechen. Man erwartete vom deutschen Widerstand nichts mehr. Daß der englische Kompromiß in München den Staatsstreich verhindert hatte, war vergessen.
Der Bischof zitierte in seiner enttäuschten Antwort an Mr. Eden Worte, die Churchill am 13. Mai 1940 im Unterhaus gesagt hatte, „Unsere Politik ist es, Krieg zu führen gegen eine monströse Tyrannei, wie sie niemals im finsteren und beklagenswerten Katalog der menschlichen Verbrechen übertroffen worden ist".
„Wenn nun in Deutschland", schrieb der Bischof, „Männer bereit sind, gegen diese monströse Tyrannei von innen Krieg zu führen, ist es dann richtig, sie zu entmutigen oder zu ignorieren? Ist es richtig, wenn wir sie durch unser Stillschweigen glauben machen, daß keine Hoffnung für die Deutschen sei, gleich ob für Hitlers Gefolgsmänner

oder Hitler-Gegner, — das ist es nämlich, was wir mit unserem Schweigen bewirken."

Bis zum Herbst 1943 hatten wir über den Weltrat der Kirchen in Genf immer noch kurze Nachrichten von Eltern, Geschwistern und Freunden erhalten können. Das war uns ein großer Trost. Auch Dietrichs Freund, der Schweizer Pfarrer E. Sutz in Zürich, übermittelte freundlich hin und wieder Nachrichten über unsere Familie. Aber sobald ich von der Verhaftung meines Bruders Dietrich am 5. 4. 1943 zusammen mit meinem Schwager Hans von Dohnanyi und meiner Schwester Christel hörte, brach ich jeden Briefkontakt ab aus großer Sorge, irgendwie durch eine Nachricht, eine Verbindung mit uns, die Gefangenen noch mehr zu belasten. Es war ein schrecklicher Kummer, den man mit sich herumtrug. Vom Spätsommer 1943 ab waren wir völlig abgeschnitten.
Wenn ich am Morgen um dreiviertel acht Uhr das Frühstück für die Kinder und meinen Mann fertigmachte, drehte ich gleich das Radio an. Da kamen zuerst einige kurze Minuten der Morgenandacht. Gleich darauf wurden die Nachrichten verlesen. Man hörte fast täglich:
„Unsere Bomberverbände letzte Nacht über Deutschland, mit Ziel Berlin, drei von unseren Flugzeugen kehrten nicht zurück", oder es hieß: „Unsere Bomber waren wieder über dem Ruhrgebiet." In der Klasse der Kinder hing ein Aufruf: „Zehn Shilling für eine Bombe auf Berlin."
So begann jeder Morgen mit sorgenvollen Gedanken, die vor allem um die Verwandten und Freunde kreisten, die ja größtenteils in Berlin wohnten.

Insgesamt ist die Zeit in England eine Epoche in unserem Leben gewesen, die keiner von uns missen möchte. Man ist mit Menschen der verschiedensten Berufe zusammengekommen und hat seinen Horizont ganz enorm erweitert. Man hat Erfahrungen gesammelt, die man als Reisender nie hätte machen können. In diesen Jahren in England lernten wir außer den Engländern auch die Angehörigen des British Commonwealth kennen: Kanadier, Inder, Neuseeländer, Australier und Südafrikaner, von deren Wesen und Lebensform wir vorher nichts gewußt hatten. Die Orientierung zum Commonwealth hin war in England natürlicherweise viel stärker gewesen als die zum Kontinent. Ein Schulkind wußte nicht, wo die Tschechoslowakei lag, aber es kannte die Geographie aller Dominion-Länder. In Oxford kümmerten sich besonders die Studenten der Oberschicht um die indischen wie um die afrikanischen Kommilitonen. Man sprach hier nicht von Negern, sondern von Afrikanern. Und diese Studenten, die aus den Dominions kamen, stellten ja eine Elite ihres Landes dar.

Wir trafen Professoren aus Indien, aus Kanada, aus Südafrika und hatten interessante Gespräche mit ihnen. Wir sprachen auch mit australischen Großfarmern und ließen uns von ihnen von drüben erzählen. Nicht nur das, was sie an Fakten erzählten, war uns interessant, sondern auch das, was sie selbst darstellten und die Form, in der sie lebten und sich ausdrückten.

Während all dieser bewegenden Begegnungen mit vielen fremden Menschen und der erregenden politischen Ereignisse gingen die kleinen Alltagsmühen weiter.

Als Hausfrau überwand ich bald ein gewisses Vorurteil gegen Neuseeländer Butter und Neuseeländer Eier. Es waren nämlich ausgezeichnete Produkte und viel billiger als englische frische Eier und englische Butter. Wir aßen auch australische Kaninchen. Sie galten nicht als feines Gericht, aber man bekam sie markenfrei, weil sie in großen Mengen eingeführt wurden.

Auch südafrikanische Weine und Fruchtkonserven wie frische Früchte von dort waren ausgezeichnet. Wie es möglich war, daß auch die chinesischen Eier frisch und gut schmeckten, ist mir bis heute unverständlich. In der Kinderernährung spielte die Erdnußbutter eine große Rolle. Da Fett sehr knapp war, verschlangen die Kinder dieses markenfreie Produkt löffelweise.

Viel Spaß hatten wir in einem Oxforder Geschäft, in dem wir für unsere Lebensmittelrationen registriert waren. Die kleine alte Inhaberin fürchtete sich offenbar vor Gert, von dem sie seiner Größe wegen wohl glaubte, daß er mit den Rationen nicht genug bekam und ihren Laden einmal vor Hunger plündern würde. Wenn wir zur Tür hereinkamen, rief sie schon, noch ehe Gert fragte, „Haben Sie etwas Unrationiertes?“: „Sie haben Ihre Butter bekommen, Sie haben Ihre Margarine erhalten — es tut mir leid, mehr ist nicht da!“ Aber manchmal holte sie dann doch eine unrationierte Büchse hervor, bloß weil Gert zwei Meter groß war. Als ihr Mann im Sterben lag und sie unten im Haus den Laden versorgte, bat sie Gert, doch die Treppe hinaufzugehen und ihn zu besuchen, und der Mann freute sich so über Gerts Zuspruch, daß er ihn gar nicht weglassen wollte, obwohl er vorher noch nie ein Wort mit ihm gesprochen hatte und ihn nur wenig vom Sehen kannte.

Allmählich feierten wir auch mit englischen Liedern und mit englischen Gerichten, Christmas-pudding und Rosinenpastetchen, unsere Weihnachten. Wer es sich leisten kann, ißt Truthahn, andere nur ein Stück Schweinebraten.

Eine meiner schönsten Erinnerungen an England ist das Weihnachtsliedersingen der Chorknaben. Die meisten Oxforder Colleges haben ihre eigene Kirche, die dem College angebaut ist. Die ältesten Colleges haben die schönsten Knabenchöre. In ihnen gibt es engelhafte Stimmen; sie klingen wie aus einer anderen Welt. Der Zauber der Christmas-carols ist einzigartig. Kein Thomaner-Chor, keine

„Domspatzen" können mir das Christmas-carol-Singen der Oxforder Chorknaben ersetzen. Das wurde unser eigentliches Weihnachten.
Freilich sangen wir mit den Kindern immer auch die deutschen Weihnachtslieder, aber selbst mir, der sie von Jugend auf so viel bedeuteten, waren die englischen genauso lieb geworden. Ich hätte das zuvor nie für möglich gehalten.

Gert war in dieser Zeit auch politisch tätig. Die Nachdenklichen unter den Engländern begannen damals, sich auch mit den Friedenszielen zu beschäftigen. Von den Vansittartisten, Anhängern des entschiedenen Deutschengegners Lord Vansittart, wurden diese allerdings völlig vernachlässigt. So erinnere ich mich z. B. an eine Tagung mit William Paton, der Generalsekretär des Weltkirchenrats war, der als Prototyp eines christlichen Politikers galt und die Zukunft doch ganz unter machtpolitischen Gesichtspunkten sah. Er meinte damals, Rußland und die Westmächte verfolgten dieselben Ziele in Zentraleuropa. Ich höre noch, wie er auf der Konferenz die Meinung vertrat, die Russen würden bei Ende des Krieges so geschwächt sein, daß sie von den Engländern abhängig sein würden. Das schien uns schon damals ganz falsch. Obwohl William Paton Zugang zum Auswärtigen Amt hatte und als der große christliche Politiker galt, konnte er so etwas sagen! Zu dieser Zeit hatte Stalin die Äußerung getan: „Es ist eine Verleumdung der Roten Armee, zu behaupten, daß es ihr Ziel sei, das deutsche Volk auszulöschen und die deutsche Nation zu vernichten. Die Rote Armee hat und kann nicht solche idiotischen Ziele haben. Es wäre lächerlich, Hitlers Clique mit dem deutschen Staat und dem deutschen Volk zu identifizieren. Die geschichtliche Erfahrung zeigt, daß Hitlers kommen und gehen, während das deutsche Volk und die deutsche Nation bestehen." Gert sagte damals in seinem Referat, daß Deutschland nach dem Krieg immer noch wählen können würde zwischen Ost und West und daß deshalb die politischen Ziele der Westmächte darauf gerichtet sein sollten, eine ähnliche Entscheidung, wie Stalin sie vorschlug, unter westlichen Aspekten vorzunehmen.

Der Bischof von Chichester hatte schon länger darauf gedrängt, man möge nun endlich Farbe bekennen, bevor die westliche Offensive begänne und die Unterscheidung zwischen dem Hitlerstaat und Deutschland aussprechen. Der Lord-Kanzler Lord Simon tat dies, indem er formulierte: „Ich sage es nun in einfachen Worten, daß wir mit Stalin darin übereinstimmen, daß zuerst der Hitlerstaat vernichtet werden sollte, und zweitens, daß nicht das ganze deutsche Volk, wie Goebbels es ihm einzureden versucht, zum Untergang verurteilt ist." Damals sandte die BBC diese Stellungnahme nach Deutschland.

Auch die Frage des unterschiedslosen, allgemeinen Bombens von nicht militärischen und nicht industriellen Anlagen, bei denen der Zivilbevölkerung in Deutschland so schreckliche Verluste zugefügt wurden, belastete das Gewissen des Bischofs von Chichester auf das schwerste. Als ihm von maßgeblicher Stelle bedeutet wurde, er möge nicht sprechen, schrieb er darüber in kirchlichen Blättern und fand hier auch Zustimmung, die ihm sonst offiziell versagt wurde. Er äußerte damals: „Wenn ein Minister der Regierung entschuldigend über das erbarmungslose und mörderische Bombardieren der deutschen Bevölkerung spricht oder sogenannte verantwortliche Stellen die Unterwerfung von fünfzig deutschen Städten unter denselben Bombenterror erwägen, den Hamburg oder Coventry erlitten haben oder die Vernichtung Deutschlands als industrielle Einheit, dann haben wir Grund, ein Herabsinken des moralischen Tones zu beklagen und sehr für die Zukunft zu fürchten. Städte als Städte zu bombardieren, vorsätzlich Zivilisten anzugreifen, ganz unabhängig davon, ob sie Kriegsarbeit tun, ist ein Unrecht, ob es von uns oder von den Nazis getan wird."

Der Bischof wollte den Rachegefühlen, die durch die Leiden, die Verluste und die Länge des Krieges aufkamen, entgegenarbeiten. Er wollte verhindern, daß man die Ideale, für die England in den Krieg gegangen war, nun über Bord warf. Er brachte, nachdem die Angriffe auf Deutschland 1943 immer schauerlicher wurden, im Februar 1944 seine Anklage vor das House of Lords. Für die Regierung nahm Lord Cranborne die Royal Air Force in Schutz. Wir lasen damals regelmäßig den „Spectator" und den „New Statesman" und waren sehr erfreut, daß jedenfalls in diesen guten Blättern dem Bischof beigestimmt wurde, während sich im übrigen viele Stimmen in der Presse gegen ihn erhoben. Der Militärschriftsteller Liddell Hart meinte allerdings, daß ein sehr großer Prozentsatz der schweigenden Bevölkerung hinter dem Bischof stehe, und zu uns persönlich haben sich viele, besonders junge Engländer auch energisch gegen die unterschiedslose Bombardierung der deutschen Städte ausgesprochen.

Der Bischof war nicht allein Geistlicher, er war ein Staatsmann. Erst später ist er besser verstanden worden. Er folgte seinem Gewissen. Ohne Zweifel haben ihm seine Reden während des Krieges die große Chance, Erzbischof von Canterbury zu werden, zerstört. Er wußte das. Aber Opportunismus war nicht seine Sache. Er selbst hatte keinerlei Illusionen darüber, daß Churchill ihn nie beruflich fördern oder sich für ihn einsetzen werde.

Während des Krieges waren weniger Studenten in Oxford, und die ausgewanderten deutschen Professoren hatten jetzt noch geringere Chancen, eine Tätigkeit zu finden.

Es war eine Ausnahme, daß mein Mann 1942 von Professor L. Hodgson gefragt wurde, in Christ Church Vorlesungen zu halten. Professor L. Hodgson hatte Gert auf einer Konferenz der „Christlichen Bruderschaft im Kriege“ sprechen hören, und er gewann ihn bald darauf für diese Vorlesungen im Christ Church College. Auch Lord Lindsay, der Rektor des College von Balliol in Oxford, lud Gert für eine Vorlesung über „Das Wesen der Demokratie“ ein. Gert wendete sich in diesen Jahren vor allem den Politischen Wissenschaften zu, aber erst nach dem Kriege unterrichtete er in diesem Fach. Im allgemeinen war es für die Kriegsjahre charakteristisch, daß die ausgewanderten deutschen Rechtswissenschaftler selbst noch nicht in den Lehrbetrieb integriert wurden. Die meisten halfen sich mit Stipendien durch, die sie z. B. von der „Gesellschaft zur Förderung von Natur- und Geisteswissenschaft“ bezogen, welche aus humanitären Gründen von den Engländern ins Leben gerufen worden war, von denen sie aber mit ihren Familien meistens nur sehr schlecht leben konnten.

Auch die weiblichen Refugiés, die oft aus guten Familien stammten, lebten meistens unter deprimierenden Umständen. Häufig gingen sie als Haushilfen in englische Familien und machten dort oft genug kränkende und demütigende Erfahrungen. Obwohl sie wegen ihrer Tüchtigkeit sehr gelobt und bald ganz unentbehrlich waren, gab man ihnen doch nicht den Platz, der ihnen zukam. Gelegentlich gab man ihnen sogar andere Namen, z. B. den Namen der Köchin, die vorher im Haus gewesen war. Man nahm sich also nicht einmal die Mühe, sich an den neuen Namen zu gewöhnen! Es war nicht Bösartigkeit von seiten der Engländer, sondern die absolute Unfähigkeit, sich in die Situation eines Flüchtlings hineinzudenken. Es war die Unfähigkeit, zu verstehen, daß ein Mensch aus ihren Kreisen kein Geld besaß und eine Arbeit als Hausmädchen annehmen mußte. Sie hatten nicht im Krieg ihr Vermögen verloren, auch keine Inflation erlebt wie wir in den Jahren 1922/23, noch waren sie von den Nazis ausgeplündert worden. — Für uns war es bedrückend, dem Ringen um Existenz zusehen zu müssen, ohne helfen zu können. Es schien mir manchmal ein seltsames Bestehen-bleiben-wollen im Sturm.

Die englische Lebensweise wurde uns mit jedem Jahr interessanter. Damals war das Gentleman-Ideal ganz allgemein noch fest verankert. Ich werde nie vergessen, mit welcher Sorgfalt und Einfühlung unser Handwerker, der alles reparierte, was irgendwie bei uns kaputtging, seine Frau betreute. Sie war schwanger mit dem vierten Kind. Geld war so wenig da, daß die Familie sich für Haus und Hof Fußlappen um die Füße wickelte, um die Schuhe zu sparen.
Sobald die Sonne in den kleinen Hof schien, kehrte der Mann den Hof, brachte einen klapprigen Liegestuhl heraus, half seiner Frau hinein, brachte ihr ein Kopfkissen und ihre Wolldecke, wickelte sie ein und strich ihr liebevoll leicht über das Haar. Manchmal erschien er sogar mit der Teekanne und versorgte sie mit einer Tasse Tee.
Längere Zeit wohnten wir in einem Arbeiterviertel. Die Menschen dort waren alle nett und freundlich zu uns, und wir hatten sogar das Gefühl, sie freuten sich, daß wir in ihre Gegend gezogen waren. Hier herrschte keine Abneigung gegen Ausländer, wie sie uns von der Oberschicht in Oxford von mancher Seite entgegengebracht wurde.
Die kleinen Leute waren menschlicher, sie achteten es, daß man nicht hochmütig war; und es imponierte ihnen, daß man etwas wußte. „Erhalten Sie Ihre Familie nur von dem, was Sie hier im Kopf haben?“ fragte einer meinen Mann

und tippte an seine Stirn. Und als mein Mann nickte, sagte er: „Sie müssen einen wunderbaren Verstand haben."
Gern waren wir mit dem Kulturphilosophen Christopher Dawson und seiner Frau zusammen. Er war damals Anfang Fünfzig und lebte in Boarshill über Oxford in einer schönen Villa mit einem herrlichen Garten. Christopher hatte früher in Exeter Religionsphilosophie und Kulturgeschichte gelehrt und war nun auch Herausgeber der berühmten katholischen Zeitschrift „Dublin Review". Er war ein Europäer und nicht allein Engländer. Europa in seiner Vielfalt der Länder mit je eigener Kultur interessierte ihn außerordentlich. Das war eine Seltenheit, denn die Mehrzahl der Engländer verstand wenig von Europa. Auch begriff er völlig unsere unbehauste Situation. Er war eine feinsinnige, etwas depressive Natur.
Wir sind fast jede Woche in Boarshill gewesen, Christopher hatte dann meist ganz konkrete politische oder historische Fragen an Gert. Er litt ungeheuer unter der Vernichtung des Geistes in den autoritären Massenstaaten. Damals schrieb er sein Buch „Gericht über die Völker".

Als wir 1944 wieder einmal umziehen mußten, konnten wir nur ein großes, möbliertes Haus mieten. Ich vermietete ein Zimmer an einen sehr zivilisierten Offizier der Freien Polnischen Streitkräfte weiter. Das alte Haus lag am Kanal und war mit Mäusen verseucht. Ratten hatten wir glücklicherweise nicht! Wir führten einen hoffnungslosen Kampf gegen die Mäuse. Alles Eßbare mußte ich in Blechdosen verwahren. Morgens war es meine erste Aufgabe, die Fallen zu entleeren, was mir sehr widerwärtig war, aber Gert hätte es noch mehr geekelt. Wahrscheinlich hätten wir drei Katzen halten sollen, aber ich mag Katzen nicht. Schließlich fand ich eine Putzfrau, die morgens kam und das lächelnd erledigte — mit einer Zigarette im Mund! Sie rauchte fast den ganzen Vormittag fort und fort, bis sie mit der Arbeit fertig war. Rauchen gab ihr ein Gefühl der Überlegenheit. Hausarbeit hat törichterweise in England gar kein Ansehen, und diese „Char", wie die Zugängerinnen in England heißen, war damals eine große Erwerbung, denn meine Kinder waren über 14 Jahre alt, und es stand mir eigentlich keine private Hilfe zu. Man brauchte Munitionsarbeiterinnen und Frauen für die Militärdienststellen.

Als wir keine Hilfe hatten und einmal alle krank zu Bett lagen, stellte uns unsere Nachbarin freundlicherweise den Lunch vor die Tür, klingelte und verschwand. Den nächsten Tag war Gert fieberfrei, verbot mir aber das Aufstehen, weil der Arzt bei mir eine Lungenentzündung befürchtete. Die Kinder lagen beide noch mit Fieber zu Bett. „Ich werde mal kochen", sagte Gert, der das noch nie in seinem Leben getan hatte — und ich sah schwarz. Ich bat ihn, mir Gemüse und Kartoffeln heraufzubringen, damit ich alles im Bett putzen könne, und meinte, er sollte sich damit begnügen, dann das kalte Fleisch aufzuschneiden und die Teller heraufzubringen. Ich gab die genaue Zeit des Kochens an. Ja, das sei leicht, meinte er, er würde unten von seinem Arbeitszimmer aus auf die Uhr sehen und das Gekochte dann heraufbringen. Nach zwanzig Minuten „roch ich schwarz" und hörte Gert die Treppe herauflaufen. Schon stand er vor mir mit zwei Töpfen in den Händen und hielt mir ganz entsetzt und traurig das Verbrannte hin; er hatte das Wasser vergessen. Es war eine so komische Situation, wie er dastand, daß ich nur lachen konnte, während ich an sein Elternhaus dachte.

Diese kleinen Alltagssorgen traten aber hinter den großen politischen Ereignissen und den geistigen Auseinandersetzungen dieser Jahre zurück. Die Oxforder Studenten waren sehr diskussionsfreudig. Als unsere Tochter 1944 in

Oxford zu studieren begann, war sie fast jeden Abend in einer Gruppe von diskutierenden Studenten. Auch in politischen Clubs war sie gern. Sie lernte dort auch die Politiker kennen, die von den Studenten zu kurzen Referaten und Diskussionen eingeladen wurden. Kaum ein Politiker entzieht sich dieser Aufgabe. Es geht immer um die Gewinnung des Gegners, man spürt kein Interesse, ihn zu beschämen. Man trennt bei der Diskussion das Persönliche von dem Sachlichen.

Man spricht dem Engländer nicht nur gesunden Menschenverstand, sondern auch eine geniale Gabe für konstruktive Kompromisse zu. Die Bereitschaft dazu spürt man in jeder Unterhaltung mit Studenten. Ärgerlich wird gefragt: „Helfen Sie bei der Lösung oder tragen Sie zu dem Problem bei?" Letzteres ist unerwünscht. Ein Nichtzuhören oder Monologisieren gilt als unmöglicher Stil. Die Studenten, die mit ihren Referaten zu meinem Mann ins Haus kamen, zu zweit oder zu dritt, manchmal einzeln, lernte man sehr gut kennen. Sie wurden Gert von verschiedenen Colleges geschickt mit einer Charakteristik, die ein College-Professor über sie schrieb. Wir haben uns sehr amüsiert, als einmal als Einführung nur „dumm, aber gibt sich große Mühe" stand. Wir fanden das sehr menschlich. Das Charakterliche wird eben in England nie unterschätzt. Wir bekamen den Eindruck, daß viele Engländer Spätentwickler sind. Der Mannesernst kommt relativ langsam. Im ganzen waren die Studenten eine freundliche, aufgeschlossene, interessierte Gesellschaft. Sie kamen auch zum Tee zu uns und wollten vieles aus Deutschland wissen, sie waren eigentlich alle ganz ohne Fremdenkomplex uns gegenüber. Meist waren sie gescheit und gut informiert und wußten, wo wir standen. Wir haben keine Vansittartisten unter ihnen gefunden. Allerdings war der Krieg damals praktisch schon gewonnen. Manche waren sehr kritisch gegenüber vielen Maßnahmen ihrer eigenen Regierung. Im Umgang mit Gert waren sie unfeierlich, aber nie distanzlos. Sie redeten Gert immer mit „Sir“ an; diese Anrede gebrauchen sie auch gegenüber ihren Vätern, wenn sie gut erzogen sind.

Die Generationen waren sich in England andererseits auch wieder näher als in Deutschland. Der Sport, den auch die älteren Leute noch betreiben wie Angeln, Golf, Reiten und Jagen schließt die Generationen zusammen. Die englischen Frauen und Männer bleiben eigentlich middle-aged d. h. mittleren Alters, bis sie in die achtziger Jahre kommen. Dann erst sprechen die Engländer von „Alter“. Die ältere Generation hat ein lebendiges Interesse an der Jugend und ein starkes Verantwortungsgefühl ihr gegenüber. Die Jungen wenden sich auch getrost an den Freund des Vaters, wenn sie Fragen haben oder Rat oder eine berufliche Hilfestellung brauchen. Es hängt wohl mit der pragmatischen, ruhigen Geistestätigkeit des englischen Professors und mit seiner Art, alles konkret aufzufassen, zusammen, daß er mit manchen deutschen Professoren nichts anfangen konnte. Immerhin vertraute er ihnen seine Studenten an.

Einmal trafen wir einen achtzigjährigen Theologen, der ein schönes Haus in Oxford bewohnte. Er erzählte mir, wie er als Student zu den Füßen meines Urgroßvaters, des Kirchenhistorikers Karl von Hase, in Jena gesessen habe, und Hase sei der einzige wirkliche Gentleman gewesen, den er in Deutschland getroffen habe. Ein andermal holte er aus seiner Rocktasche eine Fotografie meines Urgroßvaters und schenkte sie mir, ebenso eine Ausgabe des „Leben Jesu“ aus dem Jahre 1835. Dieser Urgroßvater von mir, 1800 geboren, hatte als Dreißigjähriger Goethe besucht und berichtet in den „Annalen meines Lebens“ davon. Auch bei seiner Berufung als Professor nach Jena wurde er von Goethe wieder empfangen. Er hatte als Burschen-

schaftler 1820 auf dem Hohenasperg eine Festungshaft verbracht und später eine Kirchengeschichte und andere theologische Bücher verfaßt. Über seine Kirchengeschichte hatte er geschrieben:
„Alles hat seine Zeit. Der Herr der Zeit ist Gott, der Zeiten Wendepunkt Christus, der rechte Zeitgeist der Heilige Geist."
Unter Fackelschein hatten Studenten seinen Sarg zur Aufbahrung in die Stadtkirche getragen, vom Rathaus hatte dem Ehrenbürger der Stadt Jena die Trauerfahne geweht. Noch heute steht sein Standbild vor der Universität in Jena und wurde sogar von den östlichen Behörden respektiert.

Invasion und Kriegsende

Endlich schien das Ende des Krieges näher. Am 6. 6. 1944, als wir morgens aus dem Haus traten, saß unser Nachbarssohn auf dem Gartenzaun in der Sonne und rief uns zu: „Heute ist der Tag X!" Wir hatten nicht ganz verstanden, was er meinte, und dachten, er hätte uns sagen wollen, er habe schulfrei und sagten nur: „Ja, mein Lieber", und gingen weiter. Nach einigen Minuten kam Marianne atemlos auf dem Rad mit der Nachricht, daß Engländer und Amerikaner in Frankreich gelandet seien. Eine große Erregung herrschte in der Stadt. Niemand sprach von etwas anderem. Keiner konnte die Zeitungen erwarten. Die Schulkinder sangen: „It's a long way to Tipperary' und 'Roll out the barrel." Die Spannung war enorm. Aus der Luft wurden 2 Divisionen und über See wohl 5 Divisionen mit Unterstützung der Kriegsmarine und Luftwaffe gelandet. Schlachtschiffe, Kreuzer, Zerstörer wurden eingesetzt und große Mengen Kriegsmaterial und Fahrzeuge in der Normandie an Land gebracht.

Am 13. Juni landete die erste V 1-Waffe in England. Manche Frauen äußerten sich mir gegenüber sehr besorgt, aber keine zweifelte an der kommenden deutschen Niederlage. Die V 2 wurde selten diskutiert.
In diesen Wochen bis Ende August, als de Gaulle wieder in Paris einzog, verfolgten wir alle Nachrichten von morgens bis abends. Um diese Zeit kamen auch die ersten kanadischen Regimenter nach Oxford. Wir sahen, wie blühend und kraftstrotzend diese jungen, schönen Männer im Gegensatz zu uns blassen Inselbewohnern aussahen. Ich dachte, diese Soldaten können nur vorwärtsstürmen und siegen.
Im Juli 1944 durchbrachen die Engländer unter Eisenhower bei Arranches die deutschen Linien. Friedenshoffnungen verdichteten sich jetzt zu Friedensplänen. Jung und alt freuten sich darauf, Frankreich, Paris wieder aufsuchen zu können. Nach der Landung der angelsächsischen Truppen im Süden war Frankreich bald zurückerobert. Aus den südfranzösischen KZ-Lagern der Nazis holten deutsche Refugiés in England ihre Verwandten herüber, soweit sie überlebt hatten. Die englischen Behörden waren verständnisvoll und hilfsbereit.
Am 20. Juli 1944 — Gert war gerade von einer Theologen-Konferenz in Hawarden zurückgekehrt — stürzte Mariannchen mit der Nachricht von einem Attentat auf Hitler ins Zimmer. Mein Mann fragte sofort:
„Revolution oder Revolte?"
Marianne wußte es nicht. Wir eilten ans Radio. Wir waren unbeschreiblich erregt, denn die Briefe von unseren Brüdern, Schwägern, unseren Freunden waren längst ausgeblieben, und wir wußten nicht mehr, was drüben in der Opposition vor sich ging. Was war geschehen?
Eine Würdigung des 20. Juli war nirgends in der englischen Presse zu finden. Die Aussage Hitlers, das Attentat sei

von einer Clique ehrgeiziger Offiziere unternommen worden, war akzeptiert worden. Der „Manchester Guardian" wie die „Times" lehnten es ab, Aufsätze darüber zu bringen.

Wir hatten uns immer bemüht, darauf hinzuweisen, daß sich eine Opposition gegen den nationalsozialistischen Unrechtstaat nicht erst im Hinblick auf die schlechten Erfolgsaussichten des Krieges und der drohenden Niederlage regte, sondern schon vorhanden war, als Hitler die Macht ergriffen hatte, und dies, obwohl Hitler zunächst wirtschaftspolitische und finanzpolitische Erfolge errang. Es bedurfte wirklich unendlicher Geduld, den Engländern immer wieder den Unterschied zwischen dem anderen Deutschland und dem Naziregime mit seinen Anhängern klarzumachen.

Nicht vor Oktober entschloß sich die „New English Weekly" einen Aufsatz von Gert zu veröffentlichen, der eine andere Version des Attentats vom 20. Juli brachte. Mein Mann wandte sich darin dagegen, daß die Wichtigkeit des Attentats vom 20. Juli heruntergespielt worden war und seine Motive verfälscht wurden. Er schrieb, daß es sich um eine groß angelegte, von westlich-humanitären Motiven getragene Bewegung handele, und daß der Fehlschlag des Attentats ein Verhängnis auch für die Alliierten sei: „Zehntausende von Widerstandskämpfern sind durch das Feuer der Verfolgung in Deutschland gegangen und haben ihr Leben geopfert. Die meisten Männer der Konspiration vom 20. Juli bekannten sich zur westlichen Tradition. Der Widerstand der Bekennenden und katholischen Kirche hat viele Menschen mit neuer Glaubenskraft erfüllt.

Ich befürchte, daß die Pläne, das deutsche Erziehungswesen einer dauernden Bevormundung von seiten der Alliierten zu unterstellen, fehlschlagen müssen, weil damit die vertrauenswürdigen Deutschen in den Augen des deutschen

Volkes zu Quislings erniedrigt werden. Ohne Vertrauen in jene, die in Deutschland davon überzeugt sind, daß dieses Land wieder zu einem europäischen und christlichen Land werden muß, kann Deutschland nicht ‚umerzogen' werden.

Freilich müssen die Alliierten ihren politischen Verstand gebrauchen, damit die rechten Deutschen an die rechte Stelle gesetzt werden. Wenn sie solche gefunden haben, müssen sie ihnen vertrauen, und ihre eigene Autorität auf den politischen Bereich begrenzen, damit es nicht wiederum zu nationaler Demütigung und Verzweiflung kommt, die zu dem zweiten Weltkrieg so maßgeblich beigetragen haben."

Lord Vansittart aber war immer der Ansicht, daß der Nazismus nur in Deutschland wachsen konnte, und zwar als Folge des deutschen Nationalismus und Militarismus. Er lehnte jede Unterscheidung zwischen Deutschen und Nazis ab. Er kommentierte Gerts Ausführungen zornig:

„Kein weiser Mann kann Dr. Leibholz darin zustimmen, daß die Verschwörer vom letzten Juli ‚Stützen der europäischen Tradition' waren. Sie waren Militaristen, die langsam erkannten, daß Hitler ihre Arbeit verpfuscht hatte. In ihren Augen war es keine Sünde, daß Hitler Krieg begonnen hatte, sondern daß er dabei war, ihn zu verlieren. Dr. Leibholz schätzt es nicht, das deutsche Erziehungswesen permanent unter alliierte Vormundschaft zu stellen. Wir sagen nicht permanent, aber länger. Er drängt uns, Vertrauen in die guten Deutschen zu haben. Nach allem, was uns zweimal geschehen ist, kann er nicht von den Opfern erwarten, daß sie ohne Nachprüfung Vertrauen haben. Deutschland hat jedes andere Vertrauen verwirkt. Schließlich ist es gänzlich falsch zu sagen, daß nationale Demütigung und Verzweiflung so stark zu dem gegenwärtigen Konflikt beigetragen haben. Das ist die alte Propagandageschichte. Deutschland erfreute sich zwischen 1924 und 1929 des größten Wohlstandes seiner Geschichte; und der Versailler Vertrag existierte schon lange vor diesem Kriege nicht mehr. Dr. Leibholz muß endlich aufhören, uns dieses Zeug zu verkaufen. Wir haben genug davon."

Gottlob gab es auch andere Stimmen, und nicht allein bei den Quäkern. Freilich verstand man in England nicht sogleich, wieviel mehr die deutsche Opposition, die vor und während des Krieges Hitler beseitigen wollte, auf sich nahm, als die Opposition der Holländer, Dänen und Norweger in den von den Deutschen besetzen Gebieten. Denn diese kämpften gleichzeitig für ihre nationalen Belange. Sie hatten ihre Landsleute hinter sich. Dies fehlte aber der deutschen Opposition.

Lord Vansittart hat später seine Meinung über die Deutschen revidiert.

Am 1. Mai 1945 kam die Nachricht durch, Hitler habe sich der Verantwortung durch Selbstmord entzogen; fast war er uns schon in den letzten Wochen zum Gespenst geworden.

Am Montag, dem 7. Mai, waren Christopher Dawson und seine Frau bei uns zum Tee. Wir sprachen viel von den Friedenszielen und den Friedensaufgaben und wußten noch nichts von den Schmerzen, die ausgelitten waren und von der Verfinsterung, die noch bevorstand. Am 8. und 9. Mai feierten wir den „Tag des Sieges in Europa", d. h. feiern und lärmen und sich auf den Straßen tummeln und tanzen, das taten die Jungen, die Studenten in Oxford und die Volksmenge in Londons Trafalgar Square, wo ein großes Feuerwerk aufstieg. In Oxford war St. Mary's Kathedrale den ganzen Tag überfüllt. Wunderbar war das Läuten der Glocken. Alle Oxforder Kirchen hielten Dank-

gottesdienste ab, und die Studenten nahmen in ihren College-Kapellen teil.
In London war der Andrang zu allen Kirchen so außergewöhnlich stark, daß den ganzen Tag über in St. Pauls Kathedrale und in Westminster Abbey Gottesdienste stattfanden. Zu jeder Stunde strömten die Menschen, die vor den Kirchenportalen ohne Ungeduld in langen Reihen gewartet hatten, hinein. Die Mitglieder des House of Lords kamen zur Abbey, des House of Commons zur St. Margarets Kirche. Die Stimmen der sechshundert Männer, die England regierten, sollen beinah das Dach gesprengt haben, als sie das Lied: „O Gott, unsere Hilfe in vergangenen Zeiten, unsere Hoffnung in künftigen Jahren" sangen. In der Kathedrale von Canterbury standen 5 000 Menschen Schulter an Schulter. In Exeter sollen die Dankgottesdienste bis Mitternacht fortgedauert haben. Die Kathedrale wurde beleuchtet, und viele Menschen mußten draußen, auf dem Gras sitzend, mitsingen und mitbeten. Die großen Fabriken Nordenglands entließen ihre Arbeiter, um sie in die Kirchen gehen zu lassen.
In der Westminster Abbey wurde vor den Mitgliedern des House of Lords und dem Erzbischof von Canterbury auch ein Gebet gelesen, das die berühmten Worte aus Präsident Lincolns historischer Rede von 1865 enthielt:
„Verleihe uns, gnädiger Gott, daß wir mit Feindschaft gegen niemand, mit Barmherzigkeit gegen alle, mit Festigkeit für das Recht, wie Du es uns zu sehen gibst, streben, unsere Aufgabe zu beenden, die Du uns gesetzt hast; die Wunden der Nationen zu verbinden, für die zu sorgen, die den Kampf ertragen haben, für die Witwen und die Waisen, und alles zu tun, um einen gerechten und dauerhaften Frieden unter uns und mit allen Nationen zu erlangen, durch Jesus Christus unseren Herrn. Amen."
Für uns alle war es die Befreiung von der Geißel des Na-

tionalsozialismus, die die Freudentränen in die Augen trieb.

Als dann auch bald der Krieg mit Japan zu Ende ging, hörten wir, daß der Kaiser von Japan die Alliierten für sein Volk um Schonung gebeten habe, sich selbst aber zur Verfügung stellte; welch andere Haltung als die der deutschen Führung, die sich jeder Rechenschaft entzog!

Nachkriegsjahre und Rückkehr nach Deutschland

Nun war der Krieg aus – drei lange Wochen vergingen, aber aus Deutschland kam keine Nachricht. Am Morgen des 31. Mai rief uns Pastor Rieger aus London an und fragte, ob wir zu Hause seien, er wolle uns sprechen. Gert sagte am Telefon: „Wir freuen uns sehr, wenn Sie kommen." Bald sah ich vom Fenster aus unseren Freund auf das Haus zukommen. Als ich ihm öffnete, erschrak ich. An dem Ausdruck seines Gesichtes und an seinen sehr blassen Zügen erkannte ich, daß etwas sehr Ernstes geschehen war. Wir gingen schnell mit Gert ins Zimmer, und Pastor Rieger sagte tieftraurig:
„Dietrich, er ist nicht mehr – und auch Klaus ..."
Gert entfuhr aus tiefster Seele ein: „Nein, nein!"
Rieger legte das Telegramm vor uns auf den Tisch. Dann zog er sein Neues Testament aus der Rocktasche und begann, aus Matthäus 10 zu lesen. Ich weiß nur noch, wie ich mich an jedes Wort klammerte.
„... und wo Euch jemand nicht annehmen wird noch Eure Rede hören, so geht heraus von demselben Hause. Wahrlich ich sage Euch: im Lande der Sodomer und Gomorrer wird es erträglicher gehen am Jüngsten Gericht denn solcher Stadt ... Siehe, ich sende Euch wie Schafe mitten unter die Wölfe. Hütet Euch aber vor den Menschen, denn sie wer-

den Euch überantworten vor ihre Rathäuser und werden Euch geißeln ... Wenn sie Euch nun überantworten werden, so sorget nicht, wie oder was Ihr reden sollt, denn es wird Euch zu der Stunde gegeben werden, was Ihr reden sollt. Denn Ihr seid es nicht, die da reden, sondern Eures Vaters Geist ist es, der durch Euch redet ... Es ist nichts verborgen, das nicht offenbar werde, und es ist nichts heimlich, das man nicht wissen werde ...
Wer mich bekennt vor den Menschen, den will ich auch bekennen vor meinem himmlischen Vater. Wer mich aber verleugnet vor den Menschen, den will ich auch verleugnen vor meinem himmlischen Vater ... Und wer nicht sein Kreuz auf sich nimmt und folget mir nach, der ist mein nicht wert ...
Wer sein Leben findet, der wird's verlieren und wer sein Leben verliert um meinetwillen, der wird's finden."
Pastor Rieger las uns auch alle anderen Verse des zehnten Kapitels und erinnerte uns daran, daß Dietrich sie in der „Nachfolge" so besonders schön ausgelegt habe.
Ich weiß sonst nicht mehr, wie dieser Tag weiterging, aber ich habe das tränenüberströmte Gesicht Gerts und das Schluchzen der Kinder nicht vergessen.
Das Schlimmste war in der nächsten Zeit immer das Aufwachen, wenn das ganze Unglück wieder neu über einen hereinbrach. Arbeiten und arbeiten, das war die Hilfe in diesen schweren Frühjahrsmonaten, wo einem Sonne und blauer Himmel zuviel, ja beinahe unerträglich waren, und selbst der Menschenstrom, der einem auf der Straße entgegenkam, nur die Frage immer neu heraufbeschwor, warum seid gerade ihr alle da, aber nicht mehr die, die wir so liebten?
Irgendwie hatte ich ganz auf das Wiedersehen mit Dietrich in einem neuen, besseren Deutschland zugelebt, auf das Erzählen und Austauschen nach allen diesen schweren Jah-

ren, und auch Dietrich hatte geschrieben, wie sehr er sich auf das Wiedersehen freue. Nun war mir, als seien alle Lichter verloschen.

Meine alten Eltern hatten das alles noch miterleben müssen. Heute würden sie sich freuen, wenn sie wüßten, daß Dietrichs Licht brennt, daß er lebendig ist in ungezählten alten und jungen Menschen. Seine Schriften sind in viele Sprachen übersetzt, Bonhoeffer-Studenten- und Gemeindehäuser, Schulen, Heime, Straßen und sogar Kirchen in Deutschland und eine Kirche in London tragen seinen Namen und zeugen von ihm. Vielen Studenten ist er ein Leitbild geworden, und von den Kanzeln klingen seine Worte, mit denen er Ernst machte in seinem Leben und Sterben.

Ich hatte immer gehofft, daß die Alliierten ihre festen Pläne gehabt hätten, wie sie die KZs — bevor die Kampfhandlungen den Lagern zu nahe rückten — durch Fallschirmspringer abschirmen und die Insassen befreien würden. Manche Engländer hatten das mit uns geglaubt — vielleicht nur zu unserer Beruhigung. Es blieb jedenfalls ein Traum. Ob es wirklich im Bereich des Unmöglichen lag, vermag ich freilich nicht zu beurteilen. Ich behielt den Zweifel, daß es die erbitterte Kriegführung war, die auch die verhängnisvolle Politik gegenüber der deutschen Opposition auszeichnete. Der Bischof von Chichester hatte uns geschrieben, daß Churchill damals „ausschließlich auf Kampf" eingestellt war.

Am 3. August 1944 hatte der Bischof von Chichester ohne Erfolg den Außenminister Eden um Beistand für einige Hitlergegner gebeten, die er durch die Hilfe schwedischer Freunde aus Deutschland herausholen wollte, ehe sie hingerichtet werden würden.

Als dem Bischof von Chichester der Tod meiner Brüder und Schwäger bekannt geworden war, schrieb er uns:

Meine lieben Freunde,

ich vermag nicht auszudrücken, wie traurig ich für Sie und mit Ihnen beiden über Dietrichs und Klaus' Tod bin. Ich bekam in New York ein Telegramm, aber ich glaubte Sie bei meiner Rückkehr nach Chichester schneller zu erreichen als von den USA aus. So waren also Dietrich und Klaus schon ermordet, als Vissert'Hooft uns sagte, daß es unmöglich zu einem Todesurteil kommen würde ... Für Sie, meine liebe Sabine, ist der Schmerz, Ihren lieben Bruder Dietrich, der Ihnen so nahe stand, und Klaus zu verlieren, wirklich hart. Nichts kann diese Lücke füllen — aber Ihr Mann und ihre Töchter werden Ihr größter Trost sein. Ich fühle von ganzem Herzen mit Ihnen beiden und mit Ihrer Familie.

Für die Kirche in Deutschland ist der Verlust so schwer, wie er schwerer nicht sein kann. Dietrich würde — wenn Gott es gewollt hätte — ein großes Werk vollbracht haben in dem langen mühevollen Prozeß des Wiederaufbaus und der inneren Erneuerung Deutschlands. Doch auch die Aufgabe, die er für die Bekennende Kirche in Deutschland und für die Ökumene erfüllt hat, ist von unermeßlichem Wert. Er war unerschrocken und klarsichtig und seinem Herrn in Glauben und in Treue ergeben. Er dachte nie an sich selbst. Er war ein Märtyrer für Christus und für das Deutschland, das er liebte, von dessen Platz in Gottes Plan er voll überzeugt war.

Ich möchte gerne irgendwo, an einem Ort, der Ihnen am besten geeignet scheinen würde, einen Gedenkgottesdienst für ihn und seinen Bruder halten, um Gott zu danken für diese unerschrockene, tapfere, leidende Seele und um zu beten, daß das Leben, das er für andere gab, gesegnet und fruchtbar werde.

Möge Gott Sie beide trösten, meine lieben Freunde, zu denen Dietrich mich führte, und zu denen ich immer stehen werde um seinetwillen und um Ihretwillen. Mit meiner Liebe und meinen Gebeten
Ihr Ihnen herzlich verbundener George Chichester

Auf meinen Brief, in dem ich ihm dankte für alles, was er uns an Beistand und Hilfe gegeben hatte, erwiderte der Bischof:

25TH JULY, 1945, THE PALACE CHICHESTER

Meine liebe Sabine,

ich bin tief dankbar für Ihren Brief.
Alles was Sie mir so unverdient sagen, ist ein großer Trost für mich. Und ich bin sehr glücklich, Dietrichs Fotografie zu haben. Ich weiß, daß Sie verstehen, was Dietrichs Freundschaft und Liebe mir bedeuteten. Mein Herz ist voll Trauer für Sie, und es ist leider nur zu wahr, daß die Lücke, die Dietrichs und Klaus' Tod hinterläßt, sich niemals schließen kann. Ich bete, daß Gott Ihren Eltern Frieden und Kraft geben möge, wie allen, die mit Ihnen trauern, und daß er sie segnen möge. – Es ist schön, daß ich Sie beide am Freitag sehen werde. Ich weiß nicht, ob Ihre Töchter da sein werden. Aber mein Telegramm, daß ich Ihnen eben schickte, schließt sie natürlich ein.
Ich schrieb einen Nachruf an die Times und einen Brief an den Herausgeber, in dem ich ihn fragte, ob er dies drukken wolle. Eine Zusammenfassung davon – ohne meinen Namen und unter Auslassung mancher Teile– findet sich in der heutigen Morgenausgabe. Ich dachte, Sie würden gern den vollen Text haben.
Aufrichtig der Ihre George Chichester

Der Bischof von Chichester fragte uns, ob es uns recht sei, wenn der Gedenkgottesdienst auch nach Deutschland gesendet würde. Wir stimmten zu und fuhren mit den Kindern nach London.
Der Gedächtnisgottesdienst für Dietrich und Klaus wurde am 27. 7. 1945 in der Londoner Trinitatiskirche vom Bischof von Chichester gehalten. Es sprachen auch Dietrichs Freunde Pastor Franz Hildebrandt und Pfarrer Julius Rieger. Die große Gemeinde von Deutschen und Engländern erhob sich, und wir sangen als erstes Lied:

Für alle Heiligen, die von ihrer Arbeit ruhn,
die dich getreulich vor der Welt bekannt haben,
sei dein Name, o Jesus, immerdar gepriesen.
Halleluja.

Dieses schöne Lied hat noch sieben weitere Verse. Sie wurden alle gesungen, und wir haben sie nie wieder vergessen. Anschließend kam das Bitt- und Dankgebet, das der Lord Bischof von Chichester George Bell sprach. Danach wurde das Lied „Wachet auf, ruft uns die Stimme" in deutsch und englisch gesungen. Es folgte die Predigt über Matthäus 10, 17—42.
Sehr schön sang der Chor von Dietrichs früherer Gemeinde „Wer nur den lieben Gott läßt walten", und später sangen wir zusammen das Lied, das Dietrich bei seiner letzten Predigt in London hatte singen lassen: „Mir nach, spricht Christus, unser Held." Danach kam die Predigt des Bischofs. Er sagte unter anderem darin über Dietrich:
„Er war ganz klar in seinen Überzeugungen, und so jung und bescheiden wie er war, sah er die Wahrheit und sprach sie in absoluter Freiheit ohne Furcht aus.
Als er 1942 unerwartet als Botschafter der Opposition gegen Hitler nach Stockholm zu mir kam, war er wie immer, absolut offen und ganz unbekümmert um seine Person,

seine Sicherheit. Wo immer er ging, und mit wem immer er sprach – ob jung oder alt – war er unerschrocken, von sich selbst absehend, dabei von Herzen zugetan seinen Eltern, seinen Freunden, seinem Land, wie Gott es haben wollte, seiner Kirche und seinem Herrn."

In seiner Predigt gedachte der Bischof von Chichester auch unseres Bruders Klaus und unserer Schwäger Rüdiger Schleicher und Hans von Dohnanyi, deren Schicksal uns zunächst noch unbekannt war.

Der Bischof endete mit den Worten: „Das Blut der Märtyrer ist der Same der Kirche." Die deutsch-englische Gemeinde empfand diese Feier als etwas ganz Einmaliges und war tief ergriffen.

Mit unseren Eltern und den überlebenden Verwandten konnten wir in diesen ersten Nachkriegsmonaten noch keine Verbindung herstellen. Durch einen englischen Offizier, den wir im März 1945 kennengelernt hatten, wurde es uns im August 1945 ermöglicht, endlich den Eltern zu schreiben. Durch ihn erfuhren wir auch, daß meine Eltern den Gedächtnisgottesdienst aus London in Berlin gehört hatten und daß dieser Gottesdienst ihnen erst die letzte Gewißheit von Dietrichs Tod gebracht hatte.

Von Klaus und Rüdiger Schleichers Ermordung hatten die Eltern Ende Mai unbezweifelbare Nachricht erhalten. Die Ungewißheit über das Ende von Hans von Dohnanyi bestand am längsten. Seine Hinrichtung endete sein Martyrium im KZ Sachsenhausen um dieselbe Zeit, in der auch Dietrich im KZ Flossenbürg ermordet worden war.

Einige Tage darauf traf der langersehnte, erste Brief meiner Eltern aus Berlin in Oxford ein.

Meine Mutter hatte ihn mit schwerem Herzen geschrieben. Sie hatte unter großem Zeitdruck gestanden, da ein englischer Offizier die Nachricht mitnehmen wollte. Er durfte in seinem Gepäck nur englischsprachige Dokumente befördern. So hatte meine Mutter die vielen furchtbaren Geschehnisse in kurze Sätze pressen müssen. Betäubt von dem Inhalt, erschüttert über die fremdsprachigen Worte aus dem Mund meiner Mutter, die so gar nicht ausdrücken konnten, was sie empfand, lasen wir:

BERLIN, 23. 7. 1945

Liebste Kinder!

Man sagt uns soeben, daß eine Möglichkeit bestehe, Euch unsere Grüße und Nachrichten zu schicken. Ich glaube, es sind nun drei Jahre her, daß wir die letzten Briefe von Euch bekamen. Nun hörten wir eben, daß Gert nach der Schweiz telegraphierte, um Nachricht über das Schicksal unseres Dietrich zu erfahren. Daraus schließen wir, daß Ihr alle noch am Leben seid, und das ist ein großer Trost für uns in unserem schweren Leid über das Schicksal unseres Klaus, Dietrichs und Rüdigers. –
Dietrich war eineinhalb Jahre im Militärgefängnis in Tegel. Letzten Oktober wurde er zur Gestapo in das SS-Gefängnis der Prinz-Albrecht-Straße gebracht. In den ersten Februartagen brachte man ihn fort in verschiedene Konzentrationslager, so wie Buchenwald und Flossenbürg bei Weiden. Wir wußten nicht, wo er war.
Seine Braut, Maria von Wedemeyer, die in dieser Zeit bei uns lebte, versuchte selbst, ihn zu finden. Aber sie hatte keinen Erfolg. Nach dem Sieg der Alliierten hörten wir, daß Dietrich noch am Leben sei; aber nun bekamen wir die Nachricht, daß er von der Gestapo ermordet wurde, kurz bevor die Amerikaner kamen. –
In Tegel konnte Dietrich noch wissenschaftlich arbeiten. So schrieb er im Gefängnis einen großen Teil seiner „Ethik".

Er schrieb auch schöne Gedichte. In Tegel durften wir jede Woche zu ihm gehen und ihn sehen und ihm Bücher und Nahrungsmittel bringen. Dort sprachen wir sehr oft von Euch und über Eure Zukunft. Dietrich hoffte so sehr, Euch nach dem Krieg wiederzusehen. –
Klaus und Rüdiger wurden von der Gestapo im Oktober wegen des 20. Juli verhaftet. Am 2. Februar wurden sie zum Tode verurteilt. Klaus wurde gefoltert, aber er und Rüdiger hielten immer stand. –
Klaus schrieb uns einen wunderschönen letzten Brief und auch einen an seine Kinder. Ursel konnte Rüdiger öfter sehen. Er war sehr beliebt in seinem Gefängnis, aber er litt schwer unter seiner Gefangenschaft. Kurz bevor die Russen kamen, wurden Klaus und Rüdiger von der Gestapo erschossen. –
Ursel mit den Kindern wohnt jetzt bei uns, weil sie noch in den letzten Kriegstagen am 27. April ausgebombt wurden. Hans-Walter ist aus der amerikanischen Gefangenschaft frei und hilft auf einem Gut.
Klaus Kinder waren nach Holstein evakuiert. Emmi blieb hier, damit sie Klaus besuchen konnte. Jetzt ist sie zu ihren Kindern gefahren. Ihr Haus wurde auch total zerbombt. –
Hans (v. Dohnanyi) wurde mit Dietrich am selben Tag verhaftet. Im Gefängnis lag er an Diphtherie, und es blieb ein Schaden zurück. Später wurde er in das KZ Sachsenhausen gebracht. Bevor die Russen kamen, wurden dort die meisten Gefangenen getötet. Wir wissen noch nicht, ob Hans noch lebt.
Hans und Christels Haus in Sakrow haben die Russen besetzt. So lebt sie mit Christoph und Bärbel in Dahlem. Klaus Dohnanyi wurde noch zum Arbeitsdienst eingezogen. Er arbeitet jetzt auf einem Gut von Maria v. Wedemeyers Verwandten in Bayern.
Karl-Friedrich war während der Kämpfe um Leipzig bei

seiner Familie in Friedrichsbrunn. Sein Institut ist vollständig von Bomben zerstört. Suse ist auch total ausgebombt.
Walter Dress ist Pfarrer in Dahlem und hält wieder Vorlesungen. Eberhard (Bethge), der Mann von Renate, war auch im Gestapo-Gefängnis in der Lehrter Straße. Aber als die Russen Berlin eroberten, wurde er entlassen.
Tante Elisabeth verlor ihr Leben bei einem großen Luftangriff auf den Bahnhof Dresden. –
Ihr könnt Euch nach diesen Nachrichten vorstellen, was wir alten Eltern die ganze Zeit über gelitten haben. –
Und nun sind nicht genug Nahrungsmittel da für alle Menschen. So sehr wir uns danach sehnen, Euch wiederzusehen, so können wir Euch nicht raten, zu uns zurückzukehren. Von Göttingen wissen wir nichts. Es gibt hier natürlich keine Möglichkeit, zu schreiben oder zu telephonieren. — Wir sind traurig, Eure letzte Adresse nicht zu haben und hoffen, daß der Brief Euch erreicht.
Wir umarmen Euch mit all unserer Liebe und hoffen, Euch wiederzusehen in besseren Zeiten.
Wir würden sehr glücklich sein, wenn Ihr uns auf demselben Wege Nachricht von Euch und von den Kindern geben würdet.

Eure Mutter und Euer Vater

1945, nachdem die englische Presse von den Toten, Verhungerten und erbärmlich geplagten Menschen berichtet hatte, die die Amerikaner und Engländer in den nationalsozialistischen KZs vorfanden, trat wieder deutlich eine Verschlechterung der Stimmung gegenüber den Deutschen in England ein. Der sonst so maßvolle, geduldige Engländer war aufgebracht, die Bevölkerung erregt. In den Autobussen wurden die Greueltaten der Nazis von jung und alt diskutiert, die Empörung war echt und allgemein. Man schämte sich als Deutscher sehr. Es war schmerzhaft, auf seine deutsche Nationalität angesprochen zu werden — faktisch war sie uns Vertriebenen längst aberkannt, aber wer war so genau unterrichtet? Wohlwollende fremde Engländer in Ämtern oder Hotels fragten jetzt nur noch: „Sie sind Schweizer, nicht wahr?" oder „Sie sind Norweger nicht wahr?" Deutscher zu sein, wollte man niemandem zumuten.

Als Gert und ich auf unserem üblichen Heimweg an unserer Bushaltestelle in einer Schlange von ungefähr 25 Menschen warteten, kam ein in Oxford lebender Studienfreund Gerts vorbei, und Gert wechselte ein paar deutsche Worte mit ihm. Da schrie ein Mann aus der Reihe Gert an: „Sie sind ja Deutscher! Was tun Sie hier in England, gehen Sie doch ihn Ihr Land, wo Ihre Konzentrationslager sind, da gehören alle Deutschen hinein!"
Ich sagte: „Sie wissen gar nicht, zu wem Sie reden, wir haben gerade zwei Brüder und zwei Schwäger durch die Gestapo in Konzentrationslagern verloren. Wir sind Opfer der Naziunterdrückung; hier steht es auf unserem Ausweis!" Aber er sah und glaubte nichts und blieb dabei, er wolle in seinem Land keine Deutschen mehr sehen; und mit einem Blick auf die Wartenden Zustimmung erheischend, rief er: „Ein Deutscher bleibt immer ein Deutscher!" Aber die anderen Menschen verhielten sich still. Eine Dame sagte zu uns kopfschüttelnd: „Er ist ein Rüpel."
Um diese Zeit machte unsere Tochter Marianne als achtzehnjährige Studentin mit zwei anderen Refugiémädchen eine Fußwanderung. Auf der staubigen Landstraße hielt ein Auto, und ein Herr, der einen bürgerlichen Eindruck machte, bot den Mädchen an, sie bis zur nächsten Jugendherberge mitzunehmen. Erfreut stiegen sie ein, der Herr begann ein Gespräch und ließ sich von den zwei Studentin-

nen aus Oxford berichten, bis er die Älteste plötzlich fragte: „Woher kommen Sie?"
Dies war die bekannte, bestgehaßte Frage, die mancher Refugié einfach mit „Schweiz" beantwortete. Aber Hilde sagte ehrlich: „Von Berlin."
Darauf bremste der Engländer scharf, öffnete die Tür und entließ seine Fahrgäste mit einem entrüsteten: „Sofort hinaus! Ich will keine Deutschen im Wagen haben!"
Sehr deprimiert kamen die drei Mädchen von ihrer Wanderung heim.

Die Jahre 1945—47 waren ausgefüllt mit Paketepacken. Es war ein großer Trost für mich, daß ich regelmäßig den Eltern und Geschwistern etwas schicken konnte und vor allem, daß es wieder die Möglichkeit einer Korrespondenz gab. Durch englische Stellen in Berlin wurde mir das ermöglicht. Getreulich wurden die Pakete zu meinen Eltern getragen.
Karl-Friedrich schrieb uns am 3. August über alles, was geschehen war, und schloß mit den Worten:
„Ihr seid natürlich besorgt zu hören, wie es den Eltern geht. Ihre seelische Standhaftigkeit und Festigkeit ist erstaunlich, aber ihre physischen Kräfte haben in den letzten Jahren rapide abgenommen — besonders während der letzten Wochen. Wir hoffen, daß es nicht so lange Zeit dauern wird, bis es Euch erlaubt wird, zu uns zu reisen und uns zu sehen. Nichts würde ihnen soviel Freude machen wie das.
Mit all unserer Liebe

immer Euer Karl-Friedrich

Ehe es uns möglich war, nach Deutschland zu fahren, gelang es Eberhard Bethge im Dezember 1946, uns in Oxford zu besuchen. Er war der erste, der uns endlich persönlich berichten konnte. Man sah ihm seine Gefängniszeit und den Schmerz über Dietrichs Tod sehr an. Er hatte inzwischen Renate Schleicher geheiratet, und sie hatten ihren Sohn Dietrich getauft.

Mein Bruder Karl-Friedrich kam auf Einladung seiner naturwissenschaftlichen Kollegen nach England zu uns. Das war eine große Freude, wenn das Wiedersehen auch unendlich schmerzlich belastet war. Er war sehr hager geworden und blickte mich aus den Augen meiner Mutter an. Wir hatten natürlich sehr viel auszutauschen. Die Zeit war leider viel zu kurz.

Nicht lange danach kam auch Propst Grüber herüber und besuchte uns in Oxford. Von ihm wußte man in England, wieviel Gutes er an den Verfolgten des Naziregimes getan hatte.

Auch Theodor Heuss, damals im Parlamentarischen Rat tätig, meldete sich eines Tages bei uns. Er war mit meinem Bruder Klaus und dessen Frau befreundet und wollte uns von unserer Familie und von seiner Arbeit berichten. Wir waren froh für jeden Besucher aus Deutschland, der die Grenze passieren durfte. Heuss sah sehr schmal, blaß und sorgenvoll aus, aber er schien sich in England wohl zu fühlen. Diese Tage mit den Besuchern aus Deutschland und alles, was wir nun direkt mündlich von ihnen hörten, werde ich nie vergessen.

1946 hatte mein Mann vom Foreign Office die Anfrage erhalten, ob er in den deutschen Kriegsgefangenenlagern politische Vorträge halten wolle und Kurse in Beaconsfield übernehmen möchte. Er wurde mit dem Wagen abgeholt und über Land zu den vielen verschiedenen Lagern gefahren. Diese Arbeit machte ihm Freude, weil bei den Kriegsgefangenen sehr gut zugehört und sehr viel diskutiert wurde. Er hielt meist an zwei Tagen hintereinander Vor-

träge, schlief die Nacht dort und lernte auch die englischen Offiziere kennen.
Gert mußte einmal nach Bridgeend in das Hauptgenerals-lager, in dem damals Brauchitsch, Manstein, Kleist, Sänger-Etterlin, Blumentritt, Rundstedt und andere Offiziere untergebracht waren. Die Hierarchie wurde auch in den Gefangenenlagern noch streng beachtet, wenn die Feldmarschälle gesprochen hatten, sprach hinterher in der Diskussion kein anderer Offizier mehr. Brauchitsch beschäftigte sich während seiner Gefangenschaft mit dem Entwurf einer Verfassung. Er hatte ihn in ein Schulheft geschrieben und ein großes Eisernes Kreuz auf den Deckel gezeichnet und ihn dann meinem Mann überreicht.
Gert sprach dort vom 20. Juli 1944.
Rundstedt kam nicht zu diesem Vortrag, aber er suchte Gert hinterher auf, und sie kamen auf die Ardennenoffensive zu sprechen. Gert fragte, warum man die Ardennenoffensive in dieser aussichtslosen Lage noch versucht habe mit so vielen Opfern, ob man die Situation vielleicht anders beurteilt habe? „Nein", meinte Rundstedt, die Aussichtslosigkeit sei ihm klar gewesen. „Warum haben Sie das Unternehmen nicht abgelehnt?" fragte mein Mann. Die Antwort Rundstedts war: „Weil man mich dann erschossen hätte."

Noch zwei Jahre vergingen, ehe wir meine Eltern und Geschwister wiedersehen durften. Wir bekamen keine Erlaubnis zu reisen, obwohl wir Himmel und Hölle in Bewegung setzten und auch der Bischof von Chichester sich alle Mühe gab, uns auf den Weg zu helfen.

Nach allen Nachrichten über die Zustände in Deutschland konnten wir an eine endgültige Rückkehr nicht denken, ohne Deutschland wiedergesehen zu haben; besonders nicht mit den Töchtern, Marianne hatte ihr Studium in Oxford begonnen, und inzwischen waren sie in Oxford zu Hause. Viele deutsche junge Menschen strebten ja damals gerade aus Deutschland heraus, aber nur wenigen gelang es fürs erste, ins Ausland zu kommen. Nach unendlichen Mühen gaben uns die englischen Behörden 1947 die Erlaubnis, nach Deutschland zu reisen.

Die Haltung in England gegenüber den deutschen Refugiés war gespalten, manche Engländer drängten auf Zurückgehen der Refugiés, aber die meisten hatten Verständnis dafür, daß man die Verhältnisse in Deutschland erst prüfen wollte nach allem, was den Juden und Gegnern des Nationalsozialismus geschehen war — und wen gab es unter den Refugiés, der keine Angehörigen im KZ verloren hatte? Manche Engländer sahen im Zurückgehen sogar eine Charakterschwäche und eine Treulosigkeit gegenüber dem Zufluchtsland. In Amerika hatten die 1933 ausgewanderten Menschen noch vor Kriegsausbruch Amerikaner werden können. In England, wo man erst nach fünf Jahren, und während des Krieges die englische Staatsangehörigkeit überhaupt nicht erwerben konnte, waren viele „Nichtarier", die sich erst durch die Pogrome im Jahre 1938 vertreiben ließen, noch deutsch, respektive bald durch die Ausbürgerungsgesetze der Nazis staatenlos. Von unseren Bekannten ging damals noch niemand zurück. Was uns aber so dringlich am Herzen lag, war das Wiedersehen mit unseren Eltern und Geschwistern.
Endlich im Frühsommer 1947 war es soweit. Der Aufbruch ging eilig vonstatten. Die Überfahrt war sanft. Es war diesiges Wetter. Aber endlich sah man Land, die belgische Küste tauchte auf und lag in der Sonne vor uns. Herzklopfen begann. Acht Jahre hatten wir den Kontinent nicht betreten und waren reine Inselbewohner gewesen. Eine

große Spannung überkam uns. Die belgischen Gepäckträger stürmten mit Geschrei das Schiff, entrissen uns förmlich das Gepäck. Welches Temperament! Welches Tempo! Und wieviel kleiner waren diese belgischen Menschen. Der Anschlußzug wartete schon, und bald saßen wir im Zug nach Brüssel. Nachts um 12 Uhr, als wir vom dauernden Aus-dem-Fenster-Sehen todmüde waren, fuhr der Zug sehr langsam in den ausgebrannten, zerstörten Bahnhof Aachen ein. Tiefe Stille: jetzt die ersten deutschen Schilder — und nun die ersten deutschen Worte auf deutschem Boden:
„Karl, wo hast du denn die Lampe hingestellt?"
Und diese kleinen Worte ließen einem fast das Herz stillstehen. „So habt ihr hier also die ganzen Jahre gesprochen", dachte ich.
Niemand stieg ein, niemand stieg aus, schwarze Nacht, Regen, Zerstörung, Verlassenheit, Stille — nur das Hämmern des Mannes, der die Lampe gesucht hatte.

GTB 460 (1)

GTB 460 (2)